Yves Bonnefoy

Olivier Himy

ISBN 2-7298-2697-2498-7
© Ellipses Édition Marketing S.A., 2006
32, rue Bargue 75740 Paris cedex 15

Le Code de la propriété intellectuelle n'autorisant, aux termes de l'article L.122-5.2° et 3°a), d'une part, que les « copies ou reproductions strictement réservées à l'usage privé du copiste et non destinées à une utilisation collective », et d'autre part, que les analyses et les courtes citations dans un but d'exemple et d'illustration, « toute représentation ou reproduction intégrale ou partielle faite sans le consentement de l'auteur ou de ses ayants droit ou ayants cause est illicite » (Art. L.122-4).
Cette représentation ou reproduction, par quelque procédé que ce soit constituerait une contrefaçon sanctionnée par les articles L. 335-2 et suivants du Code de la propriété intellectuelle.

www.editions-ellipses.fr

Table des matières

- Préface 5
- Entretien imaginaire avec Yves Bonnefoy 7
- Approches de l'homme 15
  - I. Éléments biographiques 15
  - II. Le contexte littéraire et artistique 21
- Approches de l'œuvre 25
  - I. Bonnefoy poète en vers et en prose 25
    - Avant l'œuvre 25
    - Les *Poèmes* 29
    - Évolutions de l'œuvre poétique 39
  - II. Bonnefoy et les autres artistes 55
    - Profusion de l'œuvre critique et de traduction 55
    - Rimbaud 61
    - Giacometti 64
    - Shakespeare 68
- Approches thématiques 73
  - I. La notion de présence et ses formes 73
    - La présence et le concept 73
    - L'immanence du simple et ses motifs 78
    - Poétique du simple 83

- II. Corps et figures 87
  - Le corps souffrant 87
  - Les figures féminines : Douve et Cérès 91
  - Les passeurs : le nautonier et saint Christophe 96
  - Les sauveurs : Moïse et Jésus 100
- III. Lieux 103
  - Le vrai lieu 103
  - Topographie de l'imaginaire 105
  - L'arrière-pays 109
- IV. Langage et image 110
  - La désécriture 110
  - Le procès de l'image 113
  - La vérité de parole 117
- V. La poésie est le salut 122
  - Le salut malgré les mots 122
  - Le salut par la mémoire 125
  - Voix et musique 129

■ Bibliographie 135

■ Lexique 141

Préface

La publication, en 1953, de *Du mouvement et de l'immobilité de Douve*, le premier des recueils qui constituent les *Poèmes* d'Yves Bonnefoy, a été d'emblée accueillie comme un événement considérable. Cette intuition s'est ensuite confirmée, à la fois par le développement et l'ouverture de l'œuvre, tant en poésie — et il faut entendre là les poèmes mais aussi les « récits en rêve », textes en prose initiés avec les publications de *L'Arrière-pays* en 1972 et de *Rue Traversière* en 1977 — qu'en histoire de l'art, en critique littéraire, en réflexion sur l'écriture ou en traductions, et par l'exceptionnel parcours d'Yves Bonnefoy lui-même, qui l'a notamment mené jusqu'à la prestigieuse chaire d'« étude comparée de la fonction poétique » du Collège de France, en 1981.

Largement traduite aujourd'hui, objet d'analyses ou de thèses de plus en plus nombreuses, tant en France qu'à l'étranger, étudiée dans les classes, l'œuvre d'Yves Bonnefoy présente ce paradoxe qui est peut-être propre à l'approche même de la poésie, ou du moins de sa plus large part, d'apparaître comme une évidence, l'évidence de ce qui se donne dans l'émotion la plus immédiate, et dans le même temps d'être d'une grande difficulté d'appréhension : la simplicité première, tant des mots choisis que des réalités évoquées, s'allie là à la profondeur d'une réflexion toujours en mouvement. À cet égard, nul doute — comme la plupart des œuvres des grands poètes — qu'elle n'effraie souvent. Or c'est en l'affrontant, dans sa richesse comme dans sa difficulté, que cette œuvre se donne, et qu'elle offre au lecteur ses plus grandes joies. Car loin d'être volontairement obscure et close sur elle-même, c'est bien au contraire une œuvre ouverte vers la vie, vers l'Autre, vers son lecteur, et qui a fait de la présence son maître-mot, au sens de l'immanence* du monde contre l'abstraction conceptuelle, de la primauté de l'émotion contre la sécheresse réflexive.

Il ne s'agit pas ici d'aller plus avant dans l'analyse et l'interprétation que ne l'ont déjà fort bien fait de nombreux travaux de recherche, mais simplement de proposer une approche aussi claire que possible d'une œuvre complexe, d'en interroger les notions essentielles — la présence, l'image, le corps, le langage... — en tenant compte des apports les plus récents de la critique, d'en présenter les contours et les fractures, c'est-à-dire aussi la très grande variété, et si ce n'est de la rendre accessible à tous, du moins de donner envie à certains de la lire, de s'y plonger sans la médiation de quelque commentaire que ce soit : l'ambition de ce livre, et elle n'est pas mince, est qu'il devienne inutile et s'efface pour laisser entendre « entre voix et langage/Une façon de laisser la parole/Errer, comme à l'avant incertain de soi ».

Entretien imaginaire avec Yves Bonnefoy

Les textes théoriques d'Yves Bonnefoy sont nombreux, comme les entretiens qu'il a accordés ici ou là ; nombreuses aussi sont ses réflexions éparses sur la poésie, dans ses œuvres les plus variées : cet entretien n'a pas eu lieu, mais la lettre du texte d'Yves Bonnefoy y est scrupuleusement respectée. Afin de ne pas en alourdir la lecture, les références des textes cités apparaissent en notes. Par ailleurs, cet entretien *imaginaire* a été *réellement* soumis à Yves Bonnefoy, qui a bien voulu le valider comme tel : qu'il en soit chaleureusement remercié.

■ Votre œuvre s'articule de façon complexe avec le surréalisme* : c'est le réel qui vous importe avant tout, et les premiers textes surréalistes (*Le Cœur-espace* et *Le Traité du pianiste*) seront longtemps introuvables ; mais vous placez aussi *Anti-Platon*, un recueil à l'évidence marqué par le surréalisme, à l'ouverture des *Poèmes*. Et, depuis quelques années, vous semblez faire retour vers le surréalisme, à la fois en publiant plusieurs versions du *Cœur-espace*, et en réunissant des textes sur Breton (*Breton à l'avant de soi*). Comment expliquez-vous ces apparents paradoxes ?

■ « Tant va Breton à l'avenir qu'à la fin cette pensée, cette présence s'imposent. Pour ma part, je fus certes requis dès la première lecture, je donnai tout de suite mon adhésion, je vins à Paris pour y retrouver les surréalistes, je rencontrai Breton et fis partie de son nouveau groupe — mais assez vite je jugeai nécessaire de m'éloigner[1] […] Breton a su qu'il y a un monde ; et qu'il importe, et qu'il est possible, de le préserver, de le sauver[2]. […] En effet, pour que le désir continue de faire exister le monde, […] il faut qu'il soit partageable ; […] et

---

1. *Breton à l'avant de soi*, p. 91.
2. *Ibid.*, p. 96.

cette nécessité incite, après l'expression du désir, à un second moment, réflexif, où les valeurs, les besoins en puissance communs seront dégagés de l'intrication des fantasmes individuels. Or, Breton n'a pas cessé, au contraire, de consentir aux siens propres une autorité presque oraculaire, et de projeter ces chimères dans l'action qu'il conduisait avec d'autres ; ce qui réduisit la réalité à son rêve, et le voua, lui, à la solitude[1]. [...] Mais peu importe ! [...] Les grands poètes, et Breton en fut un, comme assez peu en son siècle, méritent qu'on s'attache au meilleur de leur intuition pour en dégager la figure : laquelle, même trahie par l'inconséquence fatale, demeure leur vrai apport, demeure ce qui provoque et incite, ce qui ranime[2]. »

▪ L'une des plus fortes ruptures qui ouvre votre œuvre concerne le concept, sous sa double forme, hégélienne et platonicienne. Cela explique notamment la position particulière d'*Anti-Platon*. Que reprochez-vous exactement au concept ?

▪ « Il est temps de comprendre que, dans l'illusoire même qui est l'essence aussi bien de nos corps matériels que de nos croyances, le fait humain comme tel, en sa vocation à fonder une société en y trouvant des raisons d'y vivre, sur une terre aménagée à nos fins, est une réalité *sui generis* qui doit être décidée l'être : l'être étant ce que l'on décide qui sera, dans un monde où dehors il n'y a rien en puissance que le chaos des forces aveugles et des prédations. L'être est à instituer, à chaque instant d'ailleurs, une vraie création continue, et le paradoxe du concept, cette fatalité du langage, c'est qu'il nous donne les moyens d'organiser ce projet et d'anticiper sur ses actes, mais pour autant ne sait rien, et nous prive, de ce savoir intime de notre condition d'existant qui est ce qui assure le désir d'être et la décision de l'instituer ici même, ici tout de suite. [...] Si l'être est le produit de la décision qu'il y ait de l'être, cette décision même est peut-être tout entière — a déjà manifesté sa vertu — dans le désir que l'on a de la prendre, de le pouvoir, si ce désir est profond, exigeant, durable. L'essentiel, c'est le vouloir-être. [...] La poésie [...] n'est pas ce qui parle du monde mais le travail qui, dégageant la parole du discours conceptuel, fonde le monde,

---

1. *Breton à l'avant de soi*, pp. 96-97.
2. *Ibid.*, pp. 87-88.

pour le meilleur ou pour le pire, estimant simplement qu'on peut lui donner un sens[1].

Perdue parmi les significations, la poésie se souvient, et rêve, d'un état originel, vierge encore, du mot : quand, dans le silence où était la chose terrestre avant le langage, le mot qui naît reflète un instant — mais c'est hors du temps — l'irreflétable du monde.

La poésie veut briser de son écriture non conceptuelle, plurielle les significations qui se coordonnent, afin de ranimer, dans chacun de ses grands vocables, ce surcroît de la perception qui serait, pourrait-on s'y maintenir, sa parole[2]. »

■ Contre le surréel, compris comme une échappée du réel vers un ailleurs illusoire et merveilleux, contre le concept et les Idées*, formes aussi de cet ailleurs, cette fois-ci intellectualisé, contre moins Mallarmé que la lecture qu'en a proposé Valéry, le Mallarmé de la « Notion pure », vous érigez en valeur première la notion de présence. Mais, sauf à la définir comme un concept, ce à quoi vous vous refusez évidemment, comment peut-on comprendre cette « présence » ?

■ « On me demande parfois ce que je nomme présence. Je répondrai : c'est comme si rien de ce que nous rencontrons, dans cet instant qui a profondeur, n'était laissé au dehors de l'attention de nos sens[3]. Et la présence est par nature ou plutôt par droit — un droit que nous nous sommes donné — ce qui transcende les signes ; ce qui s'absente de tout emploi qu'on puisse faire des signes[4].

Cette impression de participer à une réalité soudain plus immédiate et pourtant aussi plus une et plus intérieure à notre être, c'est ce que j'ai coutume de désigner par les mots de *présence*, de sentiment de présence. Et le fait que cette participation si spontanée à certains instants nous soit refusée d'ordinaire, c'est ce que j'appellerai aujourd'hui *l'aliénation linguistique*[5]. Sous le signe de cette unité que j'aime nommer présence, j'ai en esprit ce qui est peut-être en

---

1. « Le siècle où la parole a été victime », « *Yves Bonnefoy et l'Europe du XXe siècle* », Presses universitaires de Strasbourg, 2003, pp. 483, 485.
2. *Rue Traversière*, pp. 177-178.
3. *La Vie errante*, p. 217.
4. *Ibid.*, p. 178.
5. *Entretiens sur la poésie*, p. 310.

nous un désir encore, mais si profond celui-là qu'on peut l'estimer d'un autre ordre que les faims qui tenaillent la vie quotidienne, ou que perçoit la psychanalyse : désir élémentaire de vivre, de survivre, c'est-à-dire de faire corps avec le monde dès avant toute interprétation de ce que le monde peut être — de faire corps de par tout notre corps, précisément, qui déborde en nous la pensée[1]. »

■ Vous savez le procès mené à la « présence » par une part de la philosophie contemporaine : elle ne serait que la reconduction de la métaphysique*, et sous des dehors en apparence nouveaux, accueillerait la même pensée du refus de la mort. Que répondre aux arguments développés par exemple par Jacques Derrida ?

■ « Si la déconstruction de l'antique visée ontologique peut apparaître, à un certain plan, un impératif de la connaissance, voici en tout cas que son affaiblissement dans des situations concrètes s'accompagne d'un risque de décomposition et de mort pour la société tout entière. [...] Et tout en continuant d'étudier comment vie et dévie sans fin le signifiant dans les signes, il me semble qu'il faut chercher comment cet élan que nous sommes peut, dans la dérive des mots, s'affirmer pourtant comme une origine. Que faire, autrement dit, pour qu'il y ait quelque sens encore à dire *Je*[2] ?

Si l'être n'est rien d'autre que la *volonté* qu'il y ait de l'être, la poésie n'est rien elle-même, dans notre aliénation, le langage, que cette volonté accédant à soi — ou tout au moins, dans les temps obscurs, gardant de soi la mémoire[3].

C'est de l'expérience de ce qui n'a pas de nom, pas de lieu, de ce qui ne peut faire signe, n'étant, abyssalement, que chose, que naît maintenant, avec la présence d'autrui, le besoin de bâtir un lieu, pour le partager, le besoin de donner des noms, afin qu'un lieu soit et se fasse sens. C'est de ce qui transcende à jamais le signe, que naît le besoin du signe[4]. »

■ Et les « images » participeraient aussi de ce voile jeté sur la présence, d'un recouvrement du réel par l'illusoire, et partant, d'un rêve d'infinitude au détriment de l'acceptation de ce que nous sommes ?

---

1. *Entretiens sur la poésie*, p. 260.
2. *La Présence et l'Image*, pp. 21-22.
3. *Ibid.*, p. 44.
4. *Rue Traversière*, p. 177.

▪ « La vérité de parole, je l'ai dite sans hésiter la guerre contre l'image — le monde-image —, pour la présence[1]. La poésie n'est pas le dire d'un monde, aussi magnifiques en soient les formes qu'elle seule peut déployer, on dirait plutôt qu'elle sait que toute représentation n'est qu'un voile, qui cache le vrai réel[2]...

Qu'est-ce qu'une image ? En première approximation, ce qu'on retient d'une œuvre quand on ne perçoit dans ce qu'elle évoque que ce qui tend à faire de ces fragments d'apparence pourtant choisis parmi nombre d'autres un monde en soi suffisant, et d'autant plus attachant qu'il n'est ainsi, mais le sait-on ? que partiel[3]. J'appellerai "image" cette impression de réalité enfin pleinement incarnée qui nous vient, paradoxalement, de mots détournés de l'incarnation[4]. Là où l'écrivain règne, il ne vit pas, il ne peut donc penser sa vraie condition, et là, par contre, où il lui faut vivre, le voici sans préparation à cette tâche inconnue. Que de dualismes nocifs, entre un ici dévalorisé et un ailleurs réputé le bien, que de gnoses impraticables, que de mots d'ordre insensés ont été répandus par le génie mélancolique de l'Image[5] ! »

▪ Vous vous êtes pourtant voué, tel Baudelaire, au « culte des images », votre « unique », votre « primitive passion » ?

▪ « L'illusion, le rêve, l'*éros* ont beau être l'égocentrisme, le mal qui grève la charité, ils n'en sont pas moins la fatalité de la condition humaine qui est d'être en proie au langage, et restent ainsi le lieu même où l'on doit pénétrer pour la rencontre d'autrui[6]. À son plus haut, qu'on peut au moins pressentir, la poésie doit bien réussir à comprendre que ces images qui, absolutisées, auraient été son mensonge, ne sont plus, dès qu'on les traverse, que les formes tout simplement naturelles de ce désir si originel, si insatiable qu'il est en nous l'humanité, comme telle : et l'ayant refusé elle l'accepte, en une sorte de cercle qui constitue son mystère[7]. »

---

1. *La Présence et l'Image*, p. 54.
2. *Ibid.*, p. 41.
3. *Lieux et destins de l'image*, p. 161.
4. *La Présence et l'Image*, p. 32.
5. *Ibid.*, pp. 33-34.
6. *Lieux et destins de l'image*, p. 198.
7. *La Présence et l'Image*, p. 55.

■ Sans transition, et pour passer à un domaine non moins important de votre œuvre, « traduire en poète », est-ce davantage plier votre langue à celle de l'œuvre qui vous accueille, ou faire vôtre cette œuvre, en l'accueillant dans votre langue ?

■ « Si la poésie doit être traduite, il faut que la traduction se situe en poésie, et celle-ci est mon expérience ou n'est pas. Et comment être fidèle à une expérience, la mienne, en en vivant une autre au même moment[1] ?

Comprenons bien, car c'est cela l'essentiel : le matériau du traducteur, c'est moins le "sens" qu'a le texte — un sens qui est d'ailleurs bien complexe, et se trouve ou se perd à divers niveaux — que son expérience propre de celui-ci : laquelle ne peut que prendre la forme d'une question qu'il se pose, sur la valeur, sur le bien-fondé de l'original, avec sinon une approbation, de sa part, du moins une compréhension assez ouverte, assez sympathique pour qu'il puisse leur prêter voix un instant, dans ce jeu d'hypothèses qui constitue notre devenir [...] Et quand [...] cette capacité d'écoute lui est offerte, voici que traduire va pouvoir être une étude de soi autant qu'une lecture de l'autre, d'où le besoin de la forme libre, ce grand débusqueur des stéréotypes[2].

Car nous vivons une époque où, de toute façon, les formes fixes sont hors d'atteinte, faute d'un rite commun. Notre désir de ce qu'elles sont ne peut s'exprimer, dans nos œuvres mêmes, que de façon indirecte. Que cette même distance, où la proximité se propose, s'établisse donc entre nous et ce vers shakespearien où s'affirme encore, avec plénitude parfois, l'esprit d'une orthodoxie[3] ! »

■ Nombre de textes, notamment dans les *Récits en rêve* et dans *La Vie errante*, portent directement sur la question du langage. À rebours de toutes les connaissances linguistiques, n'espérez-vous pas que le langage parvienne à désigner immédiatement le réel, qu'il y ait adéquation entre le mot et la chose : n'êtes-vous pas cratyliste* ?

■ « Quel remarquable renversement ! Cette matérialité des vocables, dont Platon s'inquiétait dans le *Cratyle*, parce que l'aspect sonore du mot ferait écran

---

1. *Shakespeare et Yeats*, pp. 206-207.
2. *Ibid.*, p. 223.
3. *Ibid.*, p. 205.

devant l'objet que le mot désigne — et Mallarmé lui aussi en a posé le problème —, c'est en fait ce qui, dans le poème, rappelle à la conscience qui œuvre les caractères d'unité, de totalité qui sont la vérité, la réalité de la chose ou du moment d'expérience. Loin d'être le prisme déformant, le vers est l'index qui pointe vers cet au-delà du vocable qui est notre seul contact qu'on puisse dire tangible avec une réalité autrement insaisissable. On a bien le droit de dire, en dépit de la critique des sémiologues, que la poésie peut prétendre à la vérité[1].

Dire que le langage fragmente l'Un, dire qu'il nous prive de lui qui respire pourtant dans notre souffle, bat dans nos veines, nous fait avoir faim et désirer, ce n'est pas vouloir indiquer qu'il y a eu un « avant », à l'époque duquel quelque conscience humaine ou pré-humaine aurait bénéficié de l'immédiat qui nous manque : car il n'est pas de conscience sans un système de signes et, avant le langage, il n'y a de rapport des parties au tout qu'aveugle comme la pierre. En fait c'est l'être parlant qui crée cet univers même dont sa parole l'exclut[2]. »

■ Le soupçon porté envers le langage, du fait de ses manques à désigner le réel, ne pousse-t-il pas alors à vouloir y remédier, et à instituer la poésie, comme le fit Mallarmé, comme celle qui pourrait « rémunérer le défaut des langues » ? N'est-ce pas là ce que vous nommez le « salut » ?

■ « À chaque instant la langue commune se dégrade, s'aliène de cette expérience, qui conditionne pourtant toute sa structure, elle se dérègle, elle commence à sonner faux, et c'est la fonction de la poésie que de la réaccorder, si je puis dire, de lui rendre un peu de sa résonance assourdie, de sa justesse[3]. Et poésie, c'est ce que devient la parole quand on a su ne pas oublier qu'il existe un point, dans beaucoup de mots, où ceux-ci ont contact, tout de même, avec ce qu'ils ne peuvent pas dire[4].

Comment se fait-il qu'auprès de si peu des aspects du monde le langage ait consenti à venir, non pour peiner à la connaissance mais pour trouver repos dans l'évidence rêveuse, posant sa tête aux yeux clos contre l'épaule des

---

1. *Entretiens sur la poésie*, p. 264.
2. *Ibid.*, p. 312.
3. *Ibid.*, p. 20.
4. *La Vie errante*, p. 169.

choses ? Quelle perte, nommer ! Quel leurre, parler ! Et quelle tâche lui est laissée, à lui qui s'interroge ainsi devant la terre qu'il aime et qu'il voudrait dire, quelle tâche sans fin pour simplement ne faire qu'un avec elle ! Quelle tâche que l'on conçoit dès l'enfance, et que l'on vit de rêver possible, et que l'on meurt de ne pouvoir accomplir[1] !

Trois mots, trois mots seulement pour dire ce qui est, quel repos, quel sommeil heureux contre ce grand corps respirant que nous ont laissé entrevoir les plus sérieux, les plus secrets de nos peintres[2]... »

---

1. *La Vie errante*, p. 44.
2. *Ibid.*, p. 47.

Approches de l'homme

Éléments biographiques

1923 : Naissance à Tours le 24 juin, de Marius Élie Bonnefoy (né en 1888 à Bouillac dans le Lot) et d'Hélène Maury (née en 1889 à Ambeyrac dans l'Aveyron). Le grand-père paternel est aubergiste, le grand-père maternel instituteur. Les parents d'Yves Bonnefoy sont venus travailler à Tours où son père est ouvrier-monteur aux ateliers des chemins de fer Paris-Orléans, et où sa mère est successivement infirmière puis institutrice. La figure de la mère hante l'œuvre poétique et apparaît aussi dans de nombreux essais, consacrés à Rimbaud, Baudelaire ou Giacometti ; celle du père, présente dans certains textes surréalistes longtemps restés introuvables, fugace dans *Rue Traversière*, réapparaît dans le dernier recueil, *Les Planches courbes*. De cette union est née une fille, Suzanne, en 1914.

1929-1934 : École primaire au groupe scolaire Édouard-Vaillant, avenue de Grammont, à Tours. Les vacances d'été dans le Lot, chez les grands-parents maternels, marquent l'enfant, pour lequel sont opposés Tours, ville vécue comme triste et grise, et Toirac, lieu de l'été lumineux.

1934 : Entrée en sixième au lycée Descartes, à Tours.

1936 : Décès du père — Yves Bonnefoy a alors treize ans. Dernières vacances d'été à Toirac. La mère d'Yves Bonnefoy est nommée institutrice à Saint-Martin-le-Beau, à une vingtaine de kilomètres de Tours.

1937-1942 : Études au lycée Descartes, à Tours, en tant que boursier. Baccalauréat de français en juillet 1940. Découvertes de Valéry, et du surréalisme, à travers la *Petite anthologie du surréalisme* de Georges Hugnet. Baccalauréat de mathématiques et de philosophie en 1941, et entrée en classe de mathématiques supérieures, toujours au lycée Descartes. Puis entrée en classe de mathématiques spéciales et certificat de mathématiques générales à l'université de Poitiers.

1943-1944 : Départ pour Paris au prétexte de la préparation d'une licence de mathématiques à la Sorbonne, alors que son intention réelle est de se consacrer à la poésie ; l'intérêt pour les mathématiques et l'histoire des sciences restera néanmoins toujours vif. Yves Bonnefoy réside rue des Fossés-Saint-Jacques, puis à l'hôtel Notre-Dame, 1 quai Saint-Michel. C'est en fréquentant la librairie d'Adrienne Monnier qu'il rencontre Maurice Saillet, chroniqueur à *Combat*, au *Mercure de France* et aux *Lettres Nouvelles*. Il suit les cours de Paul Valéry au Collège de France.

1945-1946 : Rencontres nombreuses et déterminantes : Christian Dotremont, l'un des fondateurs du groupe surréaliste Cobra (Bonnefoy a préfacé la publication des *Œuvres poétiques complètes* de Dotremont, au Mercure de France, en 1998), Victor Brauner, Gilbert Lely (dont Bonnefoy a également préfacé l'édition des *Poésies complètes*, au Mercure de France, en 1990), Raoul Ubac, André Breton, de retour des États-Unis (à propos de cette rencontre, Bonnefoy a publié un récent volume chez Farrago, *Breton à l'avant de soi*, 2001). Lectures tout aussi importantes de Chestov (que Bonnefoy fera rééditer), Georges Bataille, Antonin Artaud, Henri Michaux, Paul Éluard, Pierre Jean Jouve (dont Bonnefoy a aussi préfacé les *Œuvres complètes* parues au Mercure de France à partir de 1997), Kierkegaard, Bachelard. Publication de la revue surréaliste *La Révolution la nuit* (il y aura deux numéros) dans laquelle paraît *Le Cœur-espace* (réédité chez Farrago en 2001) et une première version d'*Anti-Platon*[1]. Publication d'un premier volume, le *Traité du Pianiste*.

1947 : Rupture avec André Breton et le groupe surréaliste, auxquels Yves Bonnefoy reproche leur intérêt pour l'occultisme*. Emploi à la faculté des Lettres. Premier mariage.

---

1. Sous une forme différente, ce texte ouvrira le recueil des *Poèmes*, au Mercure de France puis en *Poésie*/Gallimard, 1982.

1948 : Reprise des études universitaires, pour une licence de philosophie suivie d'un diplôme d'études supérieures sur « Baudelaire et Kierkegaard » (qui sera détruit). Yves Bonnefoy suit les cours de Jean Wahl, de Jean Hyppolite et de Gaston Bachelard.

1949-1952 : Voyages d'études, financés par des bourses, en Italie, aux Pays-Bas, en Angleterre. Rencontre d'André Chastel. Yves Bonnefoy écrit *L'Ordalie*, récit qui sera détruit pour l'essentiel[1].

1953 : Publication du premier recueil de poèmes, *Du mouvement et de l'immobilité de Douve*, quelques mois avant un premier essai, *Les Tombeaux de Ravenne*. En novembre, rencontre avec le poète Pierre Jean Jouve, qui présente Yves Bonnefoy à Pierre Leyris, en charge d'une nouvelle édition des œuvres de Shakespeare, pour le Club français du livre : le poète sera chargé de la traduction de plusieurs pièces, dont *Hamlet*.

1954-1957 : Entre au CNRS comme stagiaire de recherches, avec l'inscription d'une thèse sur « le signe et la signification » sous la direction de Jean Wahl, et d'une autre sur « la signification de forme chez Piero della Francesca » sous la direction d'André Chastel. Rencontres d'André du Bouchet, Jacques Dupin, Philippe Jaccottet, André Frénaud, Alberto Giacometti (auquel Bonnefoy consacrera une imposante monographie chez Flammarion, en 1991), Pierre Schneider, Georges Duthuit. Publication des *Peintures murales de la France gothique*, chez Paul Hartmann, et premier texte consacré à Baudelaire (une préface pour les *Fleurs du Mal*). En 1957, Voyage en Grèce.

1958 : Premier voyage aux États-Unis. Publication d'*Hier régnant désert*[2] au Mercure de France, et d'une première version de *Pierre écrite*, illustrée par Raoul Ubac, chez Maeght. Article de Philippe Jaccottet consacré aux poèmes de Bonnefoy dans la NRF.

---

1. *Rue Traversière*, pp. 183-201. Il s'agit là de ce qui reste du récit, et d'un commentaire ultérieur, de 1974, qu'en fait Bonnefoy.
2. Il s'agit du second grand recueil des *Poèmes*.

1959 : Publication de *L'Improbable* au Mercure de France. Amitiés avec Boris de Schloezer, Gaëtan Picon, Jean Starobinski, Louis-René des Forêts. Articles de Maurice Blanchot[1] dans la NRF.

1960 : *Jules César* de Shakespeare, dans une traduction d'Yves Bonnefoy, au Théâtre de France-Odéon, mise en scène de Jean-Louis Barrault, décor de Balthus.

1961 : *La Seconde simplicité* au Mercure de France, et *Rimbaud* au Seuil, dans la collection « écrivains de toujours ».

1962 : *Anti-Platon*, avec des eaux-fortes de Joan Miró, chez Maeght. Ce livre paraît sous un emboîtage commun à *La Lumière de la Lame*, d'André du Bouchet, et *Saccades*, de Jacques Dupin.

1963 : Découverte des Basses-Alpes avec Lucy Vines, et en particulier de l'ancienne abbaye de Valsaintes, qu'Yves Bonnefoy et Lucy Vines essaieront de restaurer.

1964 : Article de Jean-Pierre Richard dans la revue *Critique*[2].

1965 : Publication de *Pierre écrite* au Mercure de France ; il s'agit d'un recueil différent de celui de 1958 paru chez Maeght.

1967 : *Un rêve fait à Mantoue* au Mercure de France, *La Poésie française et le principe d'identité*, chez Maeght, avec des eaux-fortes de Raoul Ubac. Rencontre d'Henri Cartier-Bresson et de Martine Franck. Premier numéro de la revue *L'Éphémère*, fondée avec Gaëtan Picon, André du Bouchet, Jacques Dupin, Louis-René des Forêts, et que rejoindront ensuite Paul Celan et Michel Leiris. Le premier numéro contient un pré-publication de *L'Ordalie*, et un essai sur Giacometti[3].

1968-1969 : Second mariage, avec Lucy Vines. Voyages en Inde, avec Octavio Paz, au Japon, au Cambodge, en Iran. Yves Bonnefoy enseigne un semestre à Princeton, rencontre et traduit Georges Séféris, et traduit *Roméo et Juliette*, pour le Mercure de France. « Gauss Lectures » à Princeton.

---

1. Ces articles seront repris dans *L'Entretien infini*, Gallimard, 1969.
2. Repris dans les *Onze études sur la poésie moderne*, Seuil, 1964.
3. Repris dans la réédition de *L'Improbable*, suivi de *Un rêve fait à Mantoue*, au Mercure de France, en 1980.

1970-1971 : *Rome 1630 : l'horizon du premier baroque*, chez Flammarion. Le livre obtient le Prix des Critiques en 1971. Yves Bonnefoy enseigne à l'université de Genève, en remplacement de Jean Rousset. Une première version de « Baudelaire contre Rubens » paraît dans *L'Éphémère*.

1972 : Naissance de la fille du poète, Mathilde Bonnefoy. Publication de *L'Arrière-Pays*, chez Skira. Nouveau séjour à l'université de Genève, en remplacement de Jean Starobinski. Mort d'Hélène Bonnefoy au mois d'avril, à Tours. La naissance de sa fille Mathilde, comme la mort de sa mère, Hélène, sont évoquées plus ou moins allusivement dans *Rue Traversière*.

1973-1976 : Professeur invité durant trois ans à l'université de Nice. Début de la préparation du *Dictionnaire des mythologies*, vaste entreprise regroupant une centaine de collaborateurs. En 1975, parutions de *Dans le leurre du seuil*[1], au Mercure de France, et de *L'Ordalie*, chez Maeght, avec des eaux fortes de Claude Garache. En 1976, la revue *L'Arc* consacre un numéro à Yves Bonnefoy, tandis qu'un « Fonds Yves Bonnefoy » s'ouvre à la Bibliothèque municipale de Tours. J. E. Jackson publie un *Yves Bonnefoy* chez Seghers, dans la collection « Poètes d'aujourd'hui ».

1977 : *Rue Traversière* (récits et poèmes en prose qui seront repris dans *Récits en rêve*, avant que le titre « Rue Traversière » ne vienne couvrir l'ensemble, dans l'édition de poche) et *Le Nuage rouge* (second volume de *L'Improbable*) paraissent au Mercure de France. Premier séjour à Yale.

1978 : Les *Poèmes* sont rassemblés au Mercure de France. Prix Montaigne. *Trois remarques sur la couleur*, chez Thierry Bouchard.

1979-1981 : Professeur associé à l'université d'Aix-en-Provence. Publication au Mercure de France, en 1980, d'une nouvelle édition corrigée et augmentée de *L'Improbable* suivi d'*Un rêve fait à Mantoue*, puis en 1981, chez Flammarion, du *Dictionnaire des mythologies*, et à La Baconnière, des *Entretiens sur la poésie*, qui seront repris et complétés largement en 1990, au Mercure de France. Au printemps, Yves Bonnefoy est élu au Collège de France à une chaire d'Études comparées de la fonction poétique. La leçon inaugurale — qui sera publiée sous le titre *La Présence et*

---

1. Il s'agit du quatrième et dernier recueil qui compose l'ensemble des *Poèmes*.

l'Image — a lieu le 4 décembre 1981. Bonnefoy reçoit le prix de l'Académie française.

1983 : Traduction de *Macbeth* au Mercure de France. Colloques de Pau (dont les actes seront publiés en 1986) et de Cerisy (dont les actes seront publiés par la revue *Sud* en 1985) consacrés à Yves Bonnefoy.

1986 : Doctorats *honoris causa* de l'université de Neuchâtel et de l'American College de Paris.

1987 : Parutions au Mercure de France de *Ce qui fut sans lumière* et des *Récits en rêve*. Prix Florence Gould. Premier séjour en Irlande, à l'occasion de cours à la Yeats University.

1988 : Parutions au Mercure de France de *La Vérité de parole*, troisième tome de *L'Improbable*, d'*Une autre époque de l'écriture* et de *Là où retombe la flèche*. *Hamlet* est monté au festival d'Avignon dans une mise en scène de Patrice Chéreau.

1989 : Traduction de *Quarante-cinq poèmes* de Yeats, suivis de *La Résurrection*, chez Hermann — l'ouvrage sera repris en *Poésie*/Gallimard en 1993. Parutions chez Plon de *Sur un sculpteur et des peintres*, et en Suisse, d'une première version illustrée de *Début et fin de la neige*.

1990 : *Entretiens sur la poésie (1972-1990)* au Mercure de France.

1991 : Parution de *Début et fin de la neige*, suivi de *Là où retombe la flèche*, au Mercure de France, et de *Giacometti, biographie d'une œuvre*, chez Flammarion. Ce dernier ouvrage est le fruit d'un travail entamé depuis de longues années.

1992 : Nombreux essais sur Alechinsky, Ubac, Baudelaire, Mallarmé. Yves Bonnefoy est fait docteur *honoris causa* du Trinity College de Dublin, et est l'objet d'une exposition à la Bibliothèque nationale[1].

1993 : Publications au Mercure de France de *La Vie errante* suivie de *Une autre époque de l'écriture* et d'une traduction des *Poèmes de Shakespeare*. Exposition à Tours consacrée à « Yves Bonnefoy, écrits sur l'art et livres avec les artistes ».

---

1. *Yves Bonnefoy, livres et documents*, Bibliothèque nationale – Mercure de France, 1992. Les éléments biographiques ici réunis s'inspirent largement de cet ouvrage, et du numéro 421 de juin 2003 du *Magazine littéraire*, consacré à Yves Bonnefoy.

1994 : Traduction du *Conte d'hiver* au Mercure de France.
1995 : Parution au Mercure de France de *Dessin, couleur et lumière*. Colloque de Strasbourg consacré à « Yves Bonnefoy. Poésie, peinture, musique ».
1998 : Parution au Mercure de France de *Shakespeare et Yeats*, qui réunit les préfaces des traductions parues depuis 1962. Pré-publication des *Planches courbes*, avec des lithographies de Farhad Ostovani.
1999 : Parution au Seuil de *Lieux et destins de l'image. Un cours de poétique au Collège de France* (1981-1993).
2000 : Parutions de *Keats et Leopardi* (traductions) au Mercure de France, de *Baudelaire : la tentation de l'oubli*, à la BNF, et de *La Communauté des traducteurs* aux Presses universitaires de Strasbourg.
2001 : Parutions de *Breton à l'avant de soi* et du *Cœur-espace* chez Farrago, des *Planches courbes* au Mercure de France, du *Théâtre des enfants*, de *L'enseignement et l'exemple de Leopardi* et de *Poésie et architecture* chez William Blake & Co.
2002 : Parutions de *Sous l'horizon du langage* (divers essais sur Shakespeare, Baudelaire, Mallarmé, publiés à partir de 1992) au Mercure de France, et de *Remarques sur le regard* (études consacrées à Picasso, Giacometti et Morandi) chez Calmann-Lévy. Nouvelle version entièrement remaniée et mise à jour de l'essai de J. E. Jackson, chez Seghers.
2003 : Numéro spécial de la revue *Europe* consacré à Yves Bonnefoy.
2005 : Le recueil *Les Planches courbes* est mis au programme de littérature des élèves de Terminales L.

Le contexte littéraire et artistique

Les éléments biographiques réunis montrent assez que l'œuvre comme la vie d'Yves Bonnefoy ne se sont pas construites dans une superbe mais improbable solitude, mais au contraire dans la proximité la plus grande avec les artistes et les intellectuels de son époque.

L'élément contextuel fondateur est à l'évidence le surréalisme : si Bonnefoy s'en écarte rapidement, l'empreinte en est durable dans l'œuvre, et certains textes reparaissent même en 2001, à titre documentaire certes, mais il est indéniable pourtant qu'ils sont de la sorte réintégrés dans une œuvre dont ils avaient été auparavant exclus. La rencontre avec le surréalisme se fait d'abord via une anthologie de poésie, qui marque profondément le jeune poète, et a sans doute une place déterminante dans sa vocation. En arrivant à Paris, Bonnefoy n'a pas alors uniquement rencontré André Breton, mais aussi nombre de jeunes surréalistes, notamment Christian Dotremont, qui ne sont pas tous inféodés à la parole de Breton.

L'effervescence intellectuelle et artistique de l'après-guerre a vite mené Yves Bonnefoy à fréquenter à la fois des écrivains, des peintres, avec lesquels les échanges seront ininterrompus et des universitaires. Ce qui est remarquable, c'est en revanche la totale séparation des milieux dans lesquels il se trouve d'avec ceux de l'existentialisme. Les poètes avec lesquels Bonnefoy va se lier — Jouve, l'aîné, Jaccottet, du Bouchet, Dupin, des Forêts, pour ceux de sa génération — ne sont pas des écrivains « engagés », au sens où Sartre employait le terme. Non qu'ils soient absents ou hermétiques aux conflits de leur époque, mais parce que leur conception de l'art n'est pas « au service » d'une idéologie. Souvent réputés difficiles, alors même que nombre d'entre eux se sont donné pour objectif d'atteindre à la parole la plus claire, la plus simple, la plupart de ces poètes a en commun de chercher à appréhender le réel, aussi bien dans son aspect le plus rugueux, le plus résistant, que dans l'évanescence de l'air. Aussi leurs œuvres, aussi diverses qu'elles soient dans leurs développements, sont-elles à la fois profondément « réalistes », dans la mesure où un tel adjectif peut s'employer pour qualifier de la poésie, et résolument non théoriques. Parmi d'autres, deux éléments essentiels sont à retenir dans les liens que Bonnefoy a noués durant ces années. D'une part, il faut souligner l'aventure de *L'Éphémère*, la revue fondée avec Gaëtan Picon, André du Bouchet, Jacques Dupin, Louis-René des Forêts, puis Paul Celan et Michel Leiris, et publiée chez Maeght : elle connaîtra dix-neuf numéros, de 1967 à 1972. Cette revue, outre qu'elle a été le lieu de publication d'innombrables poèmes de ces auteurs, a aussi été un laboratoire formidable qui a permis par exemple la première présentation de l'œuvre de Paul Celan[1] en France. D'autre part, et c'est une

---

1. Il s'agit de l'un des plus grands poètes allemands de la seconde moitié du XXe siècle.

caractéristique commune avec par exemple du Bouchet et Dupin, le travail de collaboration avec les peintres a été intense et ininterrompu : nombre de publications ont d'abord paru en tirage limité, en édition d'artiste. Cette proximité, initiée par la publication de *Pierre écrite* en collaboration avec Raoul Ubac, en 1958, ne s'est jamais démentie : ainsi *Le Sommeil de personne* a paru en 2004 chez William Blake & Co, avec des lithographies de Farhad Ostovani, tandis que *Feuillées*, la même année, au Temps qu'il fait, venait commenter des reproductions de fusains et d'acryliques de Gérard Titus-Carmel. La liste des « alliés substantiels » d'Yves Bonnefoy serait trop longue. Il faut surtout retenir à la fois leur variété, et leur qualité.

Parallèlement à ce parcours artistique nourri, Bonnefoy a mené une remarquable carrière critique et universitaire. Les rencontres initiales, de Jean Wahl, Jean Hyppolite ou André Chastel, ont certes façonné ce parcours, notamment à travers l'inscription des premiers sujets de thèses, mais là encore, c'est la singularité intellectuelle qui frappe. En dehors de l'existentialisme, on l'a dit, Bonnefoy s'est aussi très vite démarqué du structuralisme* puis du déconstructionnisme* — nous reviendrons sur le débat important qui oppose Bonnefoy à Derrida. Pour autant, le parcours ne fut pas solitaire, comme en témoigne l'élection au Collège de France en 1981. Sans que l'on puisse réduire son travail à cela, il ne faut pas oublier que pour vivre, Bonnefoy a enseigné dans de nombreuses universités ; en France, mais aussi en Suisse, aux États-Unis ou en Irlande. N'ayant pas suivi le cursus universitaire nécessaire pour enseigner en France, il lui a fallu être invité ici ou là. Ce parcours n'aurait pas été possible sans une profonde reconnaissance du milieu universitaire, non seulement par rapport à l'œuvre poétique, mais aussi par rapport aux travaux de recherche tant sur la poésie que sur la peinture.

Approches de l'œuvre

I. Bonnefoy poète en vers et en prose

■ Avant l'œuvre

L'Arrière-pays a paru initialement chez Skira, dans la collection « les sentiers de la création ». Conformément au titre de la collection, Bonnefoy y retrace les étapes principales des origines de son écriture, et fait notamment état de nombreux textes soit détruits, soit relativement difficiles à trouver. Ainsi un premier récit, notes de voyage en Italie autant que rêves ancrés dans le subconscient du poète, intitulé *Le Voyageur*, a d'abord existé, puis a été détruit : « un mauvais vouloir de mon inconscient fermait beaucoup de circuits, obscurcissait bien des signes. Aussi bien je finis par détruire les notes prises et les pages déjà écrites. Mais ce ne fut pas les oublier[1]. » Une description assez précise du texte nous est alors fournie : « Manquait, je me souviens, la première page. Malgré tous mes efforts, je n'avais pu à aucun moment ni l'écrire, ni même l'imaginer. Je savais seulement qu'elle aurait charge de dire les origines du voyageur, les raisons accidentelles encore de sa décision de partir. Il se levait, l'ayant prise, et sortait de sa chambre d'étudiant pauvre. C'était la nuit, "dans une ville de l'Est" (je n'avais pas à le mettre en doute) humide et silencieuse.

---

1. *L'Arrière-pays*, p. 77.

Mais alors commençait, ou presque, la seconde page qui, elle, m'avait été donnée d'un seul coup[1]. » Suit alors la description du début du voyage, des rues empruntées, de la destination italienne, du village d'Apecchio, et enfin de l'arrivée de ce voyageur dans une orangerie[2]. Dès lors, le récit bifurque en quelque sorte sur ce qui deviendra un autre récit, *L'Ordalie*, publié tardivement dans une version incomplète, et dont Bonnefoy précise qu'il s'agit en réalité d'un texte antérieur, « le "roman" que j'avais écrit puis détruit trois ou quatre années avant[3] ». La réapparition comme obsessionnelle, au sein du *Voyageur*, de ce premier récit détruit, mène alors Bonnefoy à la destruction du second : « Je déchirai *Le Voyageur* parce que je ne voulais pas l'écriture imaginative, et scellée, mais l'analyse avertie, condition de l'expérience morale[4]. »

Mais la destruction mentionnée du premier récit est incomplète puisque Bonnefoy en fera une première publication chez Maeght, en 1975, illustrée d'eaux-fortes de Claude Garache, puis le reprendra à la fin des *Récits en rêve*, au Mercure de France en 1987, enfin publiés en poche sous le titre principal de *Rue Traversière* en 1992. Or Bonnefoy a accompagné cette publication d'une note de 1974. Deux éléments permettent alors de comprendre l'intérêt de ce récit. D'une part, Bonnefoy explique que s'est peu à peu substituée à l'écriture de prose du récit en cours, une écriture de poésie déjà commencée, qui a pris une place de plus en plus grande, au point de rendre obsolète le premier projet : « Des bribes de poèmes naissaient déjà des descriptions il est vrai bien emblématiques que j'avais faites de deux ou trois situations, et de sentiments étranges et laissés obscurs. Et c'est au point qu'à peine *L'Ordalie* "déchirée", certains passages achevèrent, par la grâce de mots continuant de chercher leur sens, et leur lieu, de se reclasser dans l'autre livre — *Du mouvement et de l'immobilité de Douve*, surtout dans sa quatrième section, *L'Orangerie*[5]. » Il faut

---

1. *L'Arrière-pays*, p. 77
2. Ce lieu si important chez Bonnefoy constitue la quatrième section de *Du mouvement et de l'immobilité de Douve*.
3. *L'Arrière-pays*, p. 88.
4. *Ibid.*, pp. 89-90.
5. *Rue Traversière*, p. 198.

donc d'abord entendre *L'Ordalie* comme une sorte de version primitive de *Douve* qui, si elle n'en délivre pas le sens, du moins donne des indications précieuses sur sa genèse. Mais d'autre part, Bonnefoy ajoute qu'il s'agissait pour lui, en décidant de publier ce qu'il restait de *L'Ordalie*, d'« essayer de comprendre, peu à peu, et pour autant que ce qu'il en reste [le lui] permet[tait], le vouloir qui s'empiégeait là, les illusions qui [le] leurr[aient][1]. » Ce projet de compréhension, chez un auteur pour lequel les notions de leurre ou d'illusion sont à ce point fondamentales, n'est pas anodin : comprendre ses leurres, réemprunter s'il le faut la voie de ses illusions, autant de moyens pour ne pas céder à leurs pièges sans cesse reconduits, et pour, à travers eux, continuer la quête d'une vérité de parole. Autant d'indices aussi, pour le critique comme pour le lecteur, de ce travail rigoureux du poète et de son refus de « l'écriture imaginative » ; autant d'invitations enfin, pour tous, à ne considérer la poésie que comme un moyen du salut de la parole hors de ses propres pièges, et par conséquent comme une voie de connaissance, une « poésie pour savoir », selon le mot d'Henri Michaux.

Il faut enfin évoquer les textes proprement surréalistes d'Yves Bonnefoy. Le *Traité du Pianiste*, très longtemps totalement introuvable, n'a été depuis réédité qu'en versions bilingues à l'étranger, à des tirages assez limités, et reste de ce fait confidentiel. Il n'a pas été associé à l'entreprise de réédition qu'a constituée la publication du *Cœur-espace*, chez Farrago, en 2001. Cette publication regroupe le texte publié en 1945, les poèmes repris en 1962 dans la publication d'*Anti-Platon*, chez Maeght, un entretien avec Maria Silva Da Re, et une note bibliographique rédigée par Odile Bombarde. Bonnefoy précise là ce que furent pour lui ces poèmes : « je me souviens de ce sentiment de seuil qui s'ouvre que me donnèrent bientôt les vers du *Cœur-espace*, une impression de descente dans un espace verbal intérieur à moi, avec entrevision de figures fantasmatiques, effrayantes d'ailleurs, engluées dans les pétrifications d'une enfance par bien des aspects mauvaise[2]. » L'exploration surréaliste de l'inconscient* permet ainsi au jeune poète de libérer une expression jusque-là enclose par le langage.

---

1. *Rue Traversière*, p. 201.
2. *Le Cœur-espace*, p. 41.

À cet égard, l'écriture automatique* apparaît comme un moyen, certes radical, de libération. Mais Bonnefoy en verra vite les pièges, et notamment l'impossibilité d'explorer plus avant les fantasmes, par le biais de la conscience, comme celle de dépasser l'individu au profit de l'universel. Le poème en question apparaît sous une double conjonction psychanalytique : d'une part, Bonnefoy lui-même le présente comme « un début d'anamnèse, [...] un besoin d'un retour critique sur moi, s'apparent[ant] à la sorte de parole que j'aurais pu confier au psychanalyste si j'avais désiré tenter cette redoutable expérience[1] » ; d'autre part, il retrouve avec précision les figures maternelle et paternelle dans le texte. La présence du père est d'autant plus notable qu'elle n'apparaîtra que très fugacement dans l'œuvre avant de ressurgir en 2001, avec la publication des *Planches courbes* : faut-il voir dans la réédition en 2001 du *Cœur-espace* un rapport avec ce retour du père dans l'œuvre, nous ne saurions en décider. Enfin, la publication simultanée des versions de 1945 et de 1961 laisse entrevoir le travail effectué — ici un travail de simplification, que l'on pourrait résumer par des coupes importantes, un recours à des formes verbales, et métriques, brèves, et une découpe du texte en poèmes courts — et donne par là même idée de ce que fut, à partir des textes initiaux, l'élaboration, par exemple, de *Du mouvement et de l'immobilité de Douve*.

Il ne serait pas juste de parler des textes surréalistes d'Yves Bonnefoy en omettant *Anti-Platon*, sinon que ce texte, contrairement aux autres, appartient à l'œuvre proprement dite, dans la mesure où il s'agit du texte qui ouvre les *Poèmes*. « Pourquoi ai-je décidé que c'était l'*Anti-Platon* mon vrai début ? Pour une raison simple, autant que fondamentale. Relisant *le Cœur-espace*, [...] je n'ai pu qu'être frappé par le nombre considérable des images que je ne pouvais assumer de façon sérieuse, comme si elles étaient le fruit de cette écriture "automatique" qui dans les textes surréalistes se laisse distraire par des associations d'idées fugitives, sans enracinement dans l'existence de son auteur [...] [et] qui n'atteignent pas à la véritable poésie. Celle-ci est une prise de responsa-

---

1. *Le Cœur-espace*, pp. 42-43.

bilité. Elle écoute ce qui vient d'en-dessous la pensée consciente, mais elle a recours à cette dernière, qui sait nos besoins dans notre lieu d'existence, pour filtrer ce flux [...] *Le Cœur-espace* n'avait pas mis en vigueur ce principe d'examen. L'*Anti-Platon* si, en revanche[1] ». Le travail de simplification, mentionné à propos de la comparaison des deux versions du *Cœur-espace*, est déjà à l'œuvre, et Bonnefoy parle à cet égard d'une restriction « à quelques images qui m'avaient paru essentielles[2] » : à l'évidence, le poème est là plus court et plus dense. Si l'ancrage surréaliste est encore très fort, le titre même du recueil oriente d'ores et déjà l'œuvre dans sa lutte contre le concept — nous y reviendrons — et le monde platonicien des Idées. C'est donc sur cette affirmation idéologique forte que s'ouvre l'œuvre.

■ Les *Poèmes*

Du mouvement et de l'immobilité de Douve fait donc suite, dans l'ensemble des *Poèmes*, à *Anti-Platon*. On a entrevu la genèse complexe de ce recueil, dont il faut examiner la structure. Il est ouvert par une citation de Hegel, extraite de *La Phénoménologie de l'esprit*[3], et qui a pour fonction d'affirmer la finitude, c'est-à-dire la nécessité de prendre en compte la mort dans la vie, et non de nier la mort. Cinq sections composent ensuite le recueil. « Théâtre » est composé de dix-neuf poèmes numérotés assez brefs, certains en prose, d'autres versifiés, et encore très marqués par l'esthétique du surréalisme. « Derniers gestes » est composé de neuf poèmes, dont « le seul témoin », en six parties numérotées, de plusieurs poèmes comportant un titre (« Aux arbres », « Vrai nom », « Phénix », « Vrai corps » et « Art poétique »), les trois autres en étant dénués. Dans cette section, il faut noter que d'une part, le vers prend une place de plus en plus importante, et que d'autre part la structure des poèmes est souvent articulée autour du quatrain. « Douve parle » est composé de douze poèmes, dont « Douve

---

1. *Le Cœur-espace*, pp. 49-50.
2. *Ibid.*, p. 50.
3. « Mais la vie de l'esprit ne s'effraie point devant la mort et n'est pas celle qui s'en garde pure. Elle est la vie qui la supporte et se maintient en elle. »

parle », en trois parties numérotées, ainsi que trois poèmes ayant le même titre, « Une voix », un autre s'appelant « Une autre voix », un autre encore « Voix basses et Phénix », et les six autres n'ayant pas de titre. La place du vers ne se dément pas, en revanche le quatrain n'y apparaît pas aussi dominant que dans la section précédente. « L'orangerie » est composée de onze poèmes, dont « la salamandre », poème en quatre parties numérotées, trois poèmes comportant un titre (« Hic est locus patriae », « Justice » et « Vérité ») et les sept autres non. Le quatrain paraît de nouveau la forme strophique dominante. Enfin la dernière section, « Vrai lieu », est composée de six poèmes, dont « Chapelle Brancacci », « Lieu du combat » (deux parties numérotées), « Lieu de la salamandre » et « Vrai lieu du cerf ». Hormis le premier poème de cette section, tous les autres sont composés d'un ou de plusieurs quatrains.

Nous reviendrons sur la figure de Douve, et sur certaines des figures fondamentales de ce recueil, puisqu'il ne s'agit pour l'instant que de donner un rapide aperçu de l'œuvre et de ses évolutions. Du moins faut-il d'ores et déjà noter que l'enjeu principal est de traverser la mort, c'est-à-dire la prendre à son compte, pour pouvoir accepter la vie. Aussi les motifs du Phénix, dont il est dit que « Refusant toute mort inscrite sur les branches/Il osera franchir les crêtes de la nuit[1] », ou de la salamandre sont-ils de première importance, illustrant le sacrifice qui permet de dépasser la mort. C'est à cette condition de l'acceptation de la mort que pourront se lever un « vrai nom », un « vrai corps », un « vrai lieu ». En d'autres termes, la mort est la condition de « l'acte de connaître et de nommer[2] », et elle est ce qui permet d'accéder au sens : « Que le froid par ma mort se lève et prenne un sens[3]. » Si cette thématique peut se lire à travers une grille chrétienne, que confirme largement nombre de symboles utilisés par le poète, il serait toutefois inadéquat de l'y réduire : la figure du Christ est d'une grande importance, et il est certain que Bonnefoy retient essentiellement du christianisme la notion d'incarnation*, mais sa poésie comme sa pensée sont résolu-

---

1. *Poèmes*, p. 75.
2. *Ibid.*, p. 77.
3. *Ibid.*, p. 85.

ment athées. À l'égard de l'acceptation et du dépassement de la mort, le recueil se clôt néanmoins dans le doute, le poète s'interrogeant sur ses capacités à franchir une telle expérience : « Ô notre force et notre gloire, pourrez-vous/Trouer la muraille des morts[1] ? »

Aussi le recueil *Hier régnant désert*, le plus sombre de l'œuvre, est-il à la fois l'expression de ce doute, et la tentation de renoncer à la poétique de la présence, en choisissant la perfection idéale, mallarméenne, si l'on veut, au détriment de la vie. La citation de Hölderlin qui ouvre le recueil marque bien cette hésitation : « Tu veux un monde, dit Diotima. C'est pourquoi tu as tout, et tu n'as rien. » Le recueil est composé de quatre sections. « Menaces du témoin » comporte sept poèmes, dont « Menaces du témoin », poème en cinq parties numérotées, « Rive d'une autre mort », en trois parties numérotées, un poème sans titre, et quatre poèmes comportant un titre (« Le bruit des voix », « À San Francesco, le soir », « Le bel été » et « À une pauvreté »). Le quatrain occupe toujours une place prépondérante, parfois associé au tercet dans de véritables sonnets ; le mètre est omniprésent. C'est dire que la poétique de Bonnefoy est, à bien des égards, « classique » : nous reviendrons sur les mètres les plus utilisés, et notamment sur l'emploi des alexandrins, mais il est important de noter que Bonnefoy ne cherche pas une modernité visible, et que ses strophes comme ses mètres en font une poésie d'accès aisé, au moins dans son apparence. « Le visage mortel », seconde section, comporte quinze poèmes, dont « Les guetteurs », en deux parties numérotées, « L'ordalie[2] », en deux parties numérotées, « Veneranda », en trois parties numérotées, ainsi que trois poèmes sans titres, et neuf poèmes comportant un titre (« Le pont de fer », « La beauté », « L'imperfection est la cime », deux poèmes portant le même titre, « Veneranda[3] », deux

---

1. *Poèmes*, p. 113.
2. Comment bien sûr ne pas penser au récit de jeunesse partiellement détruit, parce qu'un « vouloir [...] s'empiégeait là » ? Le piège est-il levé, ou Bonnefoy, à cette étape de son évolution, fut-il tenté de s'y laisser enfermer ?
3. Ces poèmes sont placés avant et après l'ensemble déjà mentionné.

autres poèmes portant le même titre, « Une voix[1] », puis « Toute la nuit » et « La mémoire »). La place du quatrain, même s'il ne s'agit pas de la seule strophe utilisée, reste assez marquée. La troisième section, « Le chant de sauvegarde », comporte dix poèmes. « Le feuillage éclairé », en quatre parties numérotées, quatre poèmes sans titre, et cinq poèmes comprenant un titre (« L'infirmité du feu », « À la voix de Kathleen Ferrier[2] », « Terre du petit jour », « Le ravin » et « L'éternité du feu »). Placée sous le signe du Phénix et du feu, cette section reconduit la thématique du salut déjà mentionnée, comme son titre l'indique assez. Cette « sauvegarde », à n'en pas douter, passe par la voix. La dernière section, « À une terre d'aube », comporte onze poèmes, dont quatre n'ont pas de titre, les sept autres s'appellent « Une voix[3] », « Veneranda[4] », « Le pays découvert », « Delphes du second jour », « Ici, toujours ici », « La même voix, toujours » et « L'oiseau des ruines ». Si ce dernier poème répond en quelque sorte à l'hésitation qui clôturait *Douve*, c'est pour une affirmation ambiguë : « L'oiseau des ruines [...] a franchi toute douleur, toute mémoire,/Il ne sait plus ce qu'est demain dans l'éternel[5]. » En prétendant vaincre la mort, en prétendant atteindre l'éternel, n'est-ce pas la finitude qui a été oubliée, et la vie même ? Dès lors, le travail du poète n'a-t-il pas mené à l'oubli de ses propres prémisses ? Le paradoxe est exprimé assez clairement dans ces vers : « Aimer la perfection parce

---

1. Ces poèmes font donc écho aux poèmes de *Du mouvement et de l'immobilité de Douve* portant le même titre, dans la section « Douve parle ». Par ailleurs, la disposition des poèmes est assez précise : « Veneranda », « Une voix », « Veneranda I », « Veneranda II », « Veneranda III », « Une voix », « Veneranda ». Il y a donc incontestablement un rapport entre cette ou ces voix et Veneranda.
2. On ne peut que remarquer de nouveau l'importance de la voix dans la poétique d'Yves Bonnefoy. À propos de ce poème, il a été expliqué à deux reprises, dans les ouvrages de M. Finck, *Yves Bonnefoy, le simple et le sens*, Corti, 1989, et d'O. Himy, *Yves Bonnefoy, poèmes commentés*, Champion, 1991. À propos de la voix, on dispose d'enregistrements en CD d'Yves Bonnefoy lisant ses propres poèmes, publiés chez Thélème.
3. Ce titre de poèmes, à ce stade de l'œuvre, est d'ores et déjà habituel ; son utilisation ne cessera pas, jusqu'aux poèmes les plus récents.
4. Il s'agit là en revanche du dernier poème portant ce titre.
5. *Poèmes*, p. 175.

qu'elle est le seuil,/Mais la nier sitôt connue, l'oublier morte,// L'imperfection est la cime[1]. » Bonnefoy ne se fait guère d'illusion quant à la tentation de la perfection : on ne peut qu'aimer ce rêve. Mais il lui apparaît nécessaire de lutter contre elle, en tant qu'elle n'est qu'un leurre, qu'un mensonge. Aussi emprunte-t-il la voie d'une certaine violence, afin de « détruire et détruire et détruire[2] » ; c'est à ce prix que la vie — c'est-à-dire l'imperfection — peut être sauvegardée. *Hier régnant désert* est sans doute le recueil dans lequel la lutte contre la tentation idéaliste est la plus violente.

Entre *Hier régnant désert* et le troisième « grand » recueil, *Pierre écrite*, est inséré un court texte de 1959, *Dévotion*. À la manière d'un *ex-voto*, mais davantage encore dans un souvenir paradoxal du poème des *Illuminations* de Rimbaud, le texte est composé de quatre ensembles scandés par l'anaphore votive « à… », qui mène de « Aux orties et aux pierres[3] », expression du plus simple rapport au réel, à « À ces deux salles quelconques, pour le maintien des dieux parmi nous[4]. » Après l'âpre lutte d'*Hier régnant désert*, c'est un appel à espérer et une réouverture de la parole.

Pierre écrite a connu, l'année même de la publication de *Hier régnant désert*, une prépublication, illustrée par Raoul Ubac, chez Maeght. On pourrait donc croire que ces deux recueils relèvent du même élan, et que le second ne fait que prolonger le premier : il n'en est rien. D'une part, il ne faut pas exagérer l'importance de cette prépublication, qui ne concerne que dix poèmes ; d'autre part, le recueil lui-même, qui paraît en 1965, marque au contraire un tournant important dans le cheminement d'Yves Bonnefoy, et comme annoncé par *Dévotion*. Écoutons tout d'abord l'exergue emprunté au *Conte d'hiver* de Shakespeare : « *Thou mettest with things dying ; I with things new born* ». Le mouvement du recueil, et du "je" ("I") va vers les "*things new born*", c'est-à-dire vers la vie. Et à l'évidence, ce recueil est celui de l'ouverture à autrui, et d'une acceptation de la vie

---

1. *Poèmes*, p. 139.
2. *Ibid.*, p. 139.
3. *Ibid.*, p. 179.
4. *Ibid.*, p. 181.

par ce biais. Le recueil est composé de quatre sections. La première section, « L'Été de nuit », comporte huit poèmes, « L'Été de nuit », en neuf parties numérotées, « La lampe, le dormeur », en deux parties numérotées, deux poèmes sans titre, et quatre poèmes titrés respectivement « Une pierre », « Le Jardin », « L'Écume, le récif » et « Une pierre ». Il est tout d'abord nécessaire de s'arrêter sur les poèmes titrés « Une pierre » : dans le recueil *Pierre écrite*, ils sont au nombre de quinze, et on en retrouve trois dans *Ce qui fut sans lumière*, un dans *La Vie errante*, et neuf dans *Les Planches courbes* — ils constituent donc un important facteur d'unité de l'œuvre, à partir de la publication de *Pierre écrite* ; par ailleurs, à l'exception de deux poèmes dans *Ce qui fut sans lumière*, et du poème de *La Vie errante*, ces poèmes ne sont pas alignés à gauche, comme tous les autres, mais centrés sur la page, et forment de la sorte comme des pierres tombales, des « pierres écrites », inscrivant dans le poème un indéniable rapport de l'écriture à la mort. Il faut néanmoins envisager ce rapport dans la perspective de l'inscription de la mort dans la vie, c'est-à-dire dans celle de la finitude, et non dans une immortalité à laquelle la parole permettrait d'accéder. Du point de vue formel, la première section de *Pierre écrite* s'inscrit dans une grande continuité, les vers métriques et le quatrain y occupant une place de premier plan. L'apparition des « pierres écrites » établit d'autre part une nouvelle continuité formelle, à la fois fondée sur la disposition symétrique des vers, sur la répétition du titre, et sur l'utilisation très fréquente du quatrain. La seconde section du recueil en porte le titre, « Pierre écrite ». Elle comporte dix-sept poèmes, dont deux poèmes sans titre, dix poèmes portant le titre « Une pierre », deux poèmes portant le titre « Le Lieu des morts », et les poèmes « Jean et Jeanne », « Sur un Éros de bronze » et « Une voix ». Si la présence du quatrain reste importante — deux poèmes intitulés « Une pierre » sont des quatrains — elle est cependant moins notable, en termes d'unité de la section, que la particularité typographique des « pierres écrites ». La troisième section, « Un feu va devant nous », est composée de dix-neuf poèmes : trois « pierres », aucun poème sans titre, et des titres plus variés par conséquent que d'ordinaire, mais restant extrêmement simples pour la plupart d'entre eux, « La chambre », « L'épaule », « L'arbre, la lampe », « Les chemins », « Le myrte », « Le sang, la note si », « L'abeille, la couleur », « Le soir », « La lumière du soir », « La patience, le ciel », « Une voix[1] », « La lumière, changée », « Le cœur, l'eau non troublée », « La parole du soir », « "Andiam, compagne belle..." » et « Le livre, pour vieillir ». Deux remarques s'imposent à propos de ces titres : d'une part, la thématique du soir, présente dans trois poèmes ; d'autre part, la fréquence de titres ordonnés autour d'une virgule — au nombre de huit —, soit qu'ils sont composés de deux mots mis en parallèle, soit qu'ils semblent déjà débuter une phrase. À la simplicité générale des titres choisis, il convient donc d'ajouter que ces titres désignent déjà, dans leur structure même, un glissement vers la phrase, ou du moins une ouverture à autre chose qu'eux-mêmes : à un mot répond un autre, et une phrase débute là dans laquelle se donnera le sens. Mais cette particularité reste enserrée dans une forte unité formelle avec, plus que dans la section précédente, un grand nombre de quatrains. La dernière section composée de neuf poèmes, « Le dialogue d'angoisse et de désir », renforce le caractère novateur du recueil. Elle est ouverte par six poèmes numérotés, que l'on entend donc comme ce dialogue même, puis les poèmes « Sur une pietà de Tintoret », « Une voix » et un « Art de la poésie ». Les quatrains ont disparu, au profit d'une section dont l'unité est très forte, comme si le poème s'allongeait. Le désespoir craint dans le recueil précédent, s'il n'a pas disparu, s'est apaisé au profit à la fois d'une plus grande confiance en la poésie, et d'une véritable ouverture à autrui par le biais du désir : « Et je m'étonne alors qu'il ait fallu/Ce temps, et cette peine. Car les fruits/ Régnaient déjà dans l'arbre. Et le soleil/Illuminait déjà le pays du soir./Je regarde les hauts plateaux où je puis vivre,/Cette main qui retient une autre main rocheuse,/ Cette respiration d'absence qui soulève/Les masses d'un labour d'automne inachevé[2]. »

L'apogée de ce processus de réconciliation avec le monde se fera dans le recueil suivant, *Dans le leurre du seuil*, publié en 1975. Il convient d'abord de s'arrêter sur son titre : pourquoi le seuil — et de quel seuil s'agit-il donc ? —

---

1. Nous ferons un bilan des poèmes portant ce titre récurrent.
2. *Poèmes*, p. 241.

serait-il un leurre ? Le seuil, Yves Bonnefoy s'en est expliqué à plusieurs reprises, c'est ce moment ou ce lieu où l'on risque de basculer vers un « monde-image », ce moment où l'on est tenté par la beauté, au point de la préférer peut-être au réel, de l'idéaliser, et dès lors de perdre la présence initialement visée, d'oublier la vie pour le rêve. Ce seuil est un leurre, parce qu'il est trompeur, et tentateur. Mais il faut néanmoins bien comprendre que sa dénonciation, aussi virulente soit-elle parfois, n'est pas une condamnation sans appel : le « culte des images », pour reprendre l'expression de Baudelaire, est inscrit dans la nature même du rapport de l'homme au monde, médiatisé par le langage. Parce que nous n'appréhendons le monde que par le biais du langage, parce que nous sommes êtres de parole, nous ne pouvons échapper au vice inhérent au langage, qui est de construire des rêves et des images, au risque d'oublier le monde réel. Il conviendrait donc d'aimer les images, parce qu'elles sont notre condition, mais d'en dénoncer les leurres, pour ne pas oublier notre finitude, autre aspect de cette même condition. Le recueil est ouvert par un emprunt au *Conte d'hiver*, l'une des pièces de Shakespeare que Bonnefoy a le plus méditée : « *They look'd as they had heard of a world ransm'd, or one destroyed.* » La thématique du salut y est donc inscrite, et le monde est à sauver, en se méprenant des leurres qui le guettent. Sept sections, mais à vrai dire, sept poèmes, composent le recueil : « Le fleuve », « Dans le leurre du seuil », « Deux couleurs », « Deux barques », « La terre », « Les nuées », « L'épars, l'indivisible ». À l'intérieur de chaque section, des séparations diverses — blancs typographiques, une ligne de points de suspension, parfois deux, un saut de page — mais une grande continuité qui rend illusoire un décompte précis. Du moins peut-on différencier les sections par leur longueur. « Le fleuve » comme « Deux couleurs » font quatre pages. Une section est de taille moyenne, « Deux barques », huit pages, tandis que les autres vont de quatorze pages — « Dans le leurre du seuil » — à quinze, dix-huit et seize pages, pour les trois dernières sections. Il y a donc une respiration différente de ces poèmes, un rythme nouveau. Par ailleurs, on peut noter l'importance de la dualité, présente aussi bien dans « Deux couleurs » et « Deux barques » que dans le titre paradoxal « L'épars, l'indivisible ». Ce titre reprend d'ailleurs la technique déjà employée dans *Pierre écrite* des titres organisés autour d'une virgule. Cette dualité, on l'a dit, est le signe d'une acceptation de l'autre ouverte dès le recueil précédent. La question du consentement est d'ailleurs centrale dans le recueil, qui va de l'anaphore de « Je ne te permets pas de[1]... » à la répétition de « je consens[2] ». Mais cette acceptation va plus loin ici, avec l'émergence d'une nouvelle figure fondamentale dans l'œuvre, celle de « l'enfant/Qui porte le monde[3]. » Dès lors, ce qui pouvait être interprété comme désir, et comme mauvais désir, avec les pièges de l'éros, s'apaise dans l'amour : « Désir se fit Amour par ses voies nocturnes/Dans le chagrin des siècles ; et par beauté/Comprise, par limite acceptée, par mémoire/Amour, le temps, porte l'enfant, qui est le signe[4]. » À la violence heurtée qui ouvrait le recueil, dénonciation des pièges de l'image et du rêve, souvenir peut-être aussi des tentations des recueils précédents, s'est maintenant substituée l'anaphore des « oui[5] ». L'apaisement ne signifie ni l'abandon au rêve, ce serait l'échec qu'a frôlé *Hier régnant désert*, ni sa condamnation sans appel, tentation de *Pierre écrite* : il signifie que le rêve est un leurre, un beau leurre, et que s'en méfier, et le dénoncer comme leurre, n'empêche ni de l'aimer, ni de s'ouvrir à lui. Notre condition, disait *Du mouvement et de l'immobilité de Douve*, est la finitude : il nous faut accepter la mort au sein même de la vie. Mais notre condition d'être de langage, ajoute *Dans le leurre du seuil*, est le rêve et l'illusion, qu'il nous faut aussi accepter, non pour échapper de façon illusoire à la mort en tentant un absolu idéalisé, mais pour se souvenir que cette tentation est nôtre. Aussi le recueil présente-t-il, de façon très manifeste, une importante évolution dans le traitement du vers. La métrique d'Yves Bonnefoy n'a jamais été régulière : si l'alexandrin a été utilisé, il a aussi souvent été contesté, voire oublié. Néanmoins, l'ensemble de la première partie de l'œuvre donne une impression de

---

1. À quatre reprises, p. 264.
2. *Poèmes*, p. 276, p. 284, puis, dans une sorte de scansion, à cinq reprises, pp. 294-295.
3. *Ibid.*, p. 274.
4. *Ibid.*, p. 313.
5. À partir de la page 289, puis, accompagnant la scansion du consentement, à la page 295, et enfin, dans la dernière section, à trente-six reprises !

classicisme, parce que Bonnefoy n'y a jamais cherché l'effet, ni la modernité visible : pas d'utilisation du blanc typographique, comme chez tant de ses contemporains[1], ni d'abandon de la ponctuation... Mais *Dans le leurre du seuil* inaugure un vers plus distendu, avec davantage de cellules rythmiques très brèves accolées à des cellules longues. On pourrait penser là à une évolution vers le verset, que justifierait par exemple l'importance qu'a eu l'œuvre de Pierre-Jean Jouve pour Bonnefoy[2]. Mais des remarques consacrées à la traduction de Shakespeare, et au problème du vers dans la traduction, donnent sans doute la clé de ces évolutions rythmiques : « Le vers qui me paraît le plus proche du pentamètre élisabéthain n'a pas de nom et guère d'histoire, c'est le mètre de onze pieds. Quand on le coupe après la sixième, il commence comme une indication de l'idéal, mais c'est pour s'achever, avec ces cinq syllabes qui ramassent et laïcisent, comme un fait ouvert à l'avenir d'autres faits [...] L'absolu ne nous est donné que par instants, à nous autres modernes [...] Le vers de onze pieds (et sans doute, semblablement, celui de treize) sera l'ombre portée de la régularité impossible dans le champ de la traduction[3]. » Ces remarques pourraient s'appliquer à l'ensemble de l'œuvre de Bonnefoy, mais sans être spécifiques d'un recueil ou d'un autre. Or Bonnefoy, dans un autre article, précise : « je n'en dois pas moins conclure qu'il *faut* sauver le vers, au moment même où j'ai dû penser qu'on ne le peut[4]. » La tension à laquelle le vers est soumis dans *Dans le leurre du seuil* a porté Bonnefoy à un usage différent du vers : alors que, comme le précise Jérôme Thélot dans son étude, « l'alexandrin est le vers le plus employé dans les trois premiers livres de Bonnefoy, dans le dernier livre, *Dans le leurre du seuil*, il ne vient qu'en cinquième position[5]. » Et cette liberté durement

---

1. Nous pensons notamment à l'œuvre d'André du Bouchet.
2. Cette référence nous paraît plus adaptée que celles de Claudel ou de Saint-John Perse, dont Bonnefoy ne s'est jamais réclamé, même s'il a écrit sur le second.
3. *Shakespeare et Yeats*, p. 206.
4. *Ibid.*, p. 220.
5. Jérôme Thélot, *Poétique d'Yves Bonnefoy*, Genève, Droz, 1983, p. 29 ; un décompte très précis des vers employés dans les *Poèmes* est effectué à la page 24 de cet ouvrage.

acquise est peut-être aussi la marque de la tension acceptée du recueil entre le réel et le rêve.

■ Évolutions de l'œuvre poétique

Quelques années avant la parution de *Dans le leurre du seuil* paraît, en 1972, *L'Arrière-pays*. L'ouvrage appartient à la collection « les sentiers de la création », pour laquelle Albert Skira a demandé à nombre de grands écrivains les chemins qui les ont menés à l'écriture ou à l'art. On doit à cette collection, et à cette idée, des textes aussi importants et variés que *La Fabrique du pré* de Francis Ponge, *Le Singe grammairien* d'Octavio Paz ou *Je n'ai jamais appris à écrire ou les incipit* de Louis Aragon. Yves Bonnefoy retrace donc dans ce texte quelques éléments essentiels de son parcours, remontant à la fois à sa propre enfance, entre Tours et Toirac, à l'enfance de son imagination, avec l'évocation notamment de récits d'aventure, et bien sûr à l'enfance de son œuvre, avec les premiers textes rejetés ensuite, auxquels nous avons déjà fait allusion. Mais ce récit est aussi celui de ses rapports à la peinture, et en particulier à la peinture italienne, qui prendra une place si importante dans son œuvre de critique d'art. Enfin, et surtout, ce texte est évidemment écrit en prose. Cela serait anodin si la part autobiographique qu'il révèle pour la première fois n'avait pris depuis, dans l'œuvre, autant d'importance, et si la prose était finalement restée réservée aux écrits théoriques ou aux essais critiques. Or, nous le verrons, il n'en est rien, à tel point que *L'Arrière-pays* sera d'abord repris en tête de l'édition des *Récits en rêve*, parus au Mercure de France en 1987, avant de disparaître de l'édition de poche de ces mêmes récits[1], pour paraître à nouveau isolément. Ce texte ouvre donc dans l'œuvre une double voie, semble-t-il nouvelle par rapports aux poèmes : celle du récit autobiographique, bien qu'il s'agisse davantage d'une évocation qui ne prétend à aucune rigueur chronologique, et qu'on pourrait sans doute employer à son égard, avec plus de justesse, le sous-titre du très beau livre consacré à Giacometti, « biographie d'une œuvre » ; celle d'autre part du

---

1. L'édition de poche, en *Poésie*/Gallimard, porte le titre *Rue Traversière et autres récits en rêve*.

récit en prose, qui va connaître un remarquable développement. À ce stade de l'œuvre, il est évidemment difficile d'en faire le pronostic, comme il est difficile de voir que ce qui peut apparaître comme une rupture n'en est pas véritablement une. Outre que certains des premiers textes d'Yves Bonnefoy étaient en prose, et en particulier *L'Ordalie*[1], outre que dans les *Poèmes* mêmes, l'utilisation du vers s'est faite de plus en plus libre, comme nous l'avons noté pour le dernier recueil, la prose d'Yves Bonnefoy va s'avérer difficilement dissociable de sa poésie. Dans l'énumération des œuvres d'Yves Bonnefoy, à la fin de chaque volume, l'ordre a d'ailleurs changé : alors que pendant longtemps, les poèmes et les proses ont été séparés, ils apparaissent réunis aujourd'hui, manifestant par là une profonde unité, derrière la disparité ou les évolutions. Il reste que *L'Arrière-pays* a dans l'œuvre un statut bien particulier et ce n'est pas seulement parce qu'il s'agit d'une commande. À plusieurs titres, il s'agit d'un texte d'origine : on l'a dit, c'est le texte qui dit les origines ; mais davantage encore, c'est le texte qui fonde dans l'œuvre une pratique. Aussi reste-t-il à part, ouvrant des voies diverses qui seront toutes explorées, mais en quelque sorte, séparément, quand elles étaient là réunies dans une même voix.

Rue Traversière paraît deux ans après *Dans le leurre du seuil*, et donc cinq ans après *L'Arrière-pays* : quinze textes en prose, qui vont de cinq lignes (« La Huppe ») à quatorze pages (« Rome, les flèches »). On retrouve, comme dans *L'Arrière-pays*, un certain nombre de résonances autobiographiques — notamment dans « L'Égypte » et « Rue Traversière » — mais davantage encore de textes consacrés à la genèse de l'écriture — notamment dans « Nouvelle suite de découvertes », texte qui commente « Les Découvertes de Prague », ou dans « Seconde rue Traversière », qui commente « Rue Traversière ». Mais cet aspect ne prend pas la forme choisie dans *L'Arrière-pays*, celle d'un texte unique, d'un récit englobant, puisqu'il y a ici quinze textes différents, et dont beaucoup ne peuvent être directement rapportés à une expérience biographique. D'autre part, et de nouveau comme dans *L'Arrière-pays*, ces textes sont en prose. Ils inaugu-

---

1. Ce qui explique peut-être pourquoi c'est justement avec les *Récits en rêve* qu'elle reparaîtra.

rent alors une forme que Bonnefoy appellera plus tard celle des « récits en rêve ». De quoi s'agit-il, et comment pourrions-nous définir ces « récits en rêve » ? Ils répondent semble-t-il à quelques caractéristiques formelles : des textes de prose, relativement brefs, mais dont certains sont assez longs pour qu'il soit difficile de les caractériser comme « poèmes en prose ». Pour le reste, on peut sans doute recourir à une définition que propose Bonnefoy, dans *Breton à l'avant de soi* : « le récit, ce que je crois qu'on peut désigner par ce mot, c'est ce qui ne donne forme à son rêve qu'en accord avec les lois qui gouvernent la réalité comme nous avons à la reconnaître [...] le récit ne met pas en question les lois de fer, celles qui font qu'il y a du possible mais aussi de l'impossible ; son rêve reconnaît la réalité[1]. » Et Bonnefoy oppose alors, selon une distinction traditionnelle mais qu'il fait ici sienne en la modifiant, le récit et le conte : « dans le conte tout cette fois est possible, toutes les transgressions de la loi du monde peuvent se produire [...] Il reste qu'en revanche aucun objet dans le conte n'aura eu ce que l'on peut dire une épaisseur de réalité, une qualité substantielle[2]. » On saisit alors mieux la catégorie des « récits en rêve » : d'une part, il s'agit, à l'image du récit tel qu'il est ici défini, de rester ancré dans le réel, afin de ne pas perdre en « qualité substantielle », c'est-à-dire en « présence » ; d'autre part, il s'agit, à l'image du conte cette fois, de rester ouvert au rêve en en permettant l'épanchement dans la réalité, comme eût dit Nerval. Le « récit en rêve » serait une possibilité, sinon de s'affranchir des lois du réel, du moins de s'en libérer temporairement, tout en conservant à la vraisemblance sa place centrale. On voit qu'il s'agit d'une définition paradoxale, et qu'en quelque sorte, le « récit en rêve » serait un rêve de récit, un rêve de ce que Bonnefoy voudrait être le récit. Aussi cette tension est-elle active dans la composition même des textes, dans leur longueur variable, on l'a vu, comme dans le retour d'un texte sur l'autre ou dans le caractère évidemment poétique de certains. Les titres des quinze textes nous donnent d'ores et déjà quelques indications précieuses. Deux techniques de titres sont reprises : les titres « simples », dési-

---

1. *Breton à l'avant de soi*, pp. 30-31.
2. *Ibid.*, pp. 37-38.

gnant le réel dans sa simplicité même, « Les Fruits », « Les Feux » ou « Le Fou rire » ; les titres organisés autour d'une virgule, dont on a vu qu'ils étaient parfois comme des engendrements de phrases, « Rome, les flèches » et davantage encore « Rentrer, le soir », qui réunit l'amorce de la phrase et la saisie du simple.

Dix ans plus tard reparaissent, groupés cette fois sous le titre *Récits en rêve*, les deux textes que nous venons d'évoquer, *L'Arrière-pays* et *Rue Traversière*, auxquels sont adjoints les *Remarques sur la couleur*, *L'Origine de la parole*, *Le peintre dont l'ombre est le voyageur*, *Sur de grands cercles de pierre*, et enfin *L'Ordalie*. La plupart de ces textes, sous la même forme, légèrement modifiés ou parfois avec d'autres titres, avaient déjà paru séparément. Ainsi « Deux et d'autres couleurs », qui ouvre les *Remarques sur la couleur*, a initialement paru sous le titre *Remarques sur la couleur*, avec deux autres textes qui seront repris dans *L'Origine de la parole*, « L'indéchiffrable », texte d'ouverture, et « La résurrection ». En revanche, sous le titre *L'Origine du langage*, ont paru ensemble « La présence réelle », repris dans les *Remarques sur la couleur*, et « Voix rauques », « Une représentation de Phèdre » et « L'origine de la parole », repris dans *L'Origine de la parole*. On voit donc qu'un important travail de redistribution et de composition a été opéré entre ces deux sections du nouvel ensemble que constituent les *Récits en rêve*. Les trois derniers textes des *Remarques sur la couleur*, « le vautour », « La mort du peintre d'icônes » et « L'artiste du dernier jour » avaient initialement paru sous ce dernier titre. L'ensemble des textes regroupés là est assez divers : beaucoup d'entre eux, sous des formes plus ou moins narratives, ont pour objet le langage, que ce soit dans ses rapports avec la perception, comme « Deux et d'autres couleurs », « Au mont Aso », « Le crépuscule des mots », « La décision d'être peintre », « La présence réelle », « L'origine de la parole », ou dans ses liens avec le divin, comme « Voix rauques », ou encore dans des approches très variées, comme « L'indéchiffrable » ou « Une représentation de *Phèdre* » ; d'autres concernent plus directement la peinture, comme bien sûr « À propos de Miklos Bokor », mais aussi les trois derniers textes des *Remarques sur la couleur* ; d'autres encore relèvent de la même veine autobiographique que des textes plus anciens de *Rue Traversière*, et sous la même modalité, c'est-à-dire très indirecte, comme « Sur les ailes de la musique » ou « La Résurrection ». À cette première variété thématique, si l'on peut dire, s'ajoute la variété formelle : quelques textes font à peine une page, « La décision d'être peintre », « La présence réelle » (sept lignes), « Voix rauques », « L'excédante », « L'origine de la parole », quand d'autres en font deux, trois ou sept, certains étant d'une traite quand d'autres sont en deux ou trois parties. À cet égard, le texte le plus surprenant est « À propos de Miklos Bokor », composé de vingt-et-un paragraphes nettement séparés par des blancs typographiques, sur cinq pages, donnant à voir la fragmentation de sa composition, ce qui est très inhabituel chez Bonnefoy. Les éléments déjà relevés dans les textes antérieurs se retrouvent : un souci autobiographique latent ; une grande variété de textes ; un usage constant de la prose. À cela s'ajoute une interrogation sur le langage, omniprésente dès les premiers textes critiques, mais abordée ici sous une forme différente, et notamment par le biais du rêve de ce qu'aurait pu être le langage : le récit en rêve va alors permettre de poser des problématiques que l'analyse critique ne peut que récuser, mais qui forment toutefois un des horizons du langage[1]. Bonnefoy ne prétend pas être exempt de contradictions, ni que les théories exposées sous cette forme aient nécessairement un sens. « Un récit que son auditeur ne peut décidément pas réduire à un sens quelconque, c'est comme un récit de rêve[2] », et l'on voit là le lien indéfectible entre les récits *en* rêve, et les récits *de* rêve : s'il est admis que les seconds, directement issus de l'inconscient, soient dénués de sens, ou du moins de sens univoque et lisible, Bonnefoy prétend amener cette liberté par rapport au sens dans ses récits — le sens n'y serait alors plus une nécessité, du moins comme l'entendait le récit réaliste jusqu'ici — mais en gardant toutefois le contrôle de la conscience sur les apports du rêve et de l'inconscient. En d'autres termes, les « récits en rêve » doivent beaucoup au surréalisme, mais Bonnefoy refuse toute la part de pensée magique, et l'abandon qu'elle suppose à

---

1. *Sous l'horizon du langage* est le titre d'un dernier recueil d'essais d'Yves Bonnefoy.
2. *Dessin, couleur et lumière*, p. 82.

l'inconscient, et propose de lui substituer une sorte de relecture du rêve par la conscience : ainsi un texte aura-t-il des suites, parce qu'il est l'objet d'une attention soutenue de la conscience, qui tente pourtant de ne pas être censure. Hormis *L'Ordalie*, les deux textes qui ferment le recueil, *Le Peintre dont l'ombre est le voyageur* et *Sur de grands cercles de pierre*, réunissent tous les motifs qui traversent l'ensemble du recueil : le langage et la peinture, le rêve et le divin, la présence du je, etc. Enfin, *L'Ordalie*, dont nous avons déjà longuement parlé, clôt l'ensemble, dans un retour dont on voit maintenant parfaitement la logique : si le récit avait été écarté d'abord, parce qu'il semblait à Bonnefoy que l'inconscient y suivait trop librement sa pente mauvaise, il est maintenant réintégré dans les récits qui ont conjuré cet écueil.

Mais le passage par la prose, lentement construit et réuni ensuite en recueil, n'est évidemment pas un abandon de la poésie en vers. De même que de nombreuses publications en prose, à commencer bien sûr par *L'Arrière-pays*, ont vu le jour pendant que s'achevait le grand ensemble des *Poèmes*, de même, simultanément à l'élaboration de ce nouveau genre que sont les « récits en rêve », paraissaient des textes en vers. La même année donc que la publication des *Récits en rêve* réunis au Mercure de France paraît, chez le même éditeur, *Ce qui fut sans lumière*. Le recueil est ouvert par une citation de John Donne, « For as well the Pillar of Cloud as that of Fire[1] [...] » : comme dans beaucoup de recueils de Bonnefoy, c'est un balancement qui s'expose là, à la fois opposition et parallélisme, entre la nuée et le feu ; par ailleurs, cette opposition entre bien sûr en résonance avec le titre du recueil, qui en serait comme une synthèse, nommant à la fois la lumière et son absence. Cinq sections, sans titre, composent le recueil. La première comporte huit poèmes, dont un, « Le miroir courbe », en deux parties, et le premier, « le souvenir », nettement plus long que les autres. On retrouve aussi « Une pierre », ainsi que « La voix, qui a repris » et « La voix encore ». Toujours des titres simples, « L'adieu », « L'épervier », pour évoquer

---

1. Cette citation est probablement extraite, parmi les *Sermons* de John Donne, du *Prêche du jour de Pâques*, de 1622. Elle fait référence à la sortie d'Égypte, Exode, 14, 20. L'idée principale en est que la colonne est à la fois de nuée et de feu.

des choses simples, et notamment les réalités de la vie quotidienne et la remémoration des lieux du passé. Plus qu'auparavant, mais les textes biographiques de *Rue Traversière* avaient ouvert cette voie, les poèmes évoquent, parfois dans le rêve, « le plus vieux rêve,/Croire que je m'éveille[1] », la maison de l'enfance, et un retour « à notre origine[2] ». La versification adoptée est proche de celle de *Dans le leurre du seuil* : les rythmes, ordonnés autour des cadences principales de la versification française, sont néanmoins variés, et Bonnefoy emploie volontiers une alternance de mètres courts puis longs. La place du quatrain est devenue épisodique, hormis le poème « Une pierre », dont il faut noter qu'il n'est pas centré[3]. La seconde section du recueil comporte onze poèmes, dont deux, « L'orée du bois » et « Sur des branches chargées de neige », sont formés de deux parties. Les titres répondent aux caractéristiques déjà évoquées : des titres désignant le simple du monde (« Le puits », « La rapidité des nuages », « La foudre », « La branche », « La neige ») ; des titres se faisant souvent écho (« Le puits » est suivi par « Le puits, les ronces », auquel fait écho « Le mot *ronce*, dis-tu » ; « La branche » annonce « Sur des branches chargées de neige », que vient clore « La neige » ; et bien sûr, « Une pierre ») ; quelques titres comportant une virgule, ou semblant des entames de phrases (« Passant auprès du feu », « Le puits, les ronces », « Le mot *ronce*, dis-tu »). Formellement, cette section paraît plus classique que la précédente, avec le retour en particulier du quatrain. On voit donc bien qu'il ne faut tirer aucune conclusion hâtive des évolutions formelles d'un recueil ou d'un autre : les mètres plus variés, et notamment plus longs, de *Dans le leurre du seuil*, ou les strophes longues, ne signifient pas l'abandon du quatrain et des mètres classiques ; l'expérience de la prose n'est

---

1. *Ce qui fut sans lumière*, p. 11.
2. *Ibid.*, p. 21.
3. N'est pas centré non plus le poème « Une pierre » de la page 41 ; Yves Bonnefoy nous a indiqué que, contrairement aux autres poèmes intitulés « Une pierre », dont la pagination est centrée, il ne s'agissait pas là d'épitaphes, mais de textes faisant référence aux autres « pierres ». Il en est de même pour « Une pierre », poème qui constitue à lui tout seul une section de *La Vie errante*, p. 103. Yves Bonnefoy considère de la même façon le poème, « Passant, ce sont des mots », des *Planches courbes*, page 40, qui fait suite à « Une pierre ».

pas non plus une page tournée. La pratique d'Yves Bonnefoy s'enrichit progressivement d'une maîtrise plus aboutie de formes diverses, mais elle ne renonce pas aux formes antérieures. Aussi cette section peut-elle apparaître, à bien des égards, comme un pont entre divers éléments. Thématiquement, par exemple, elle introduit le motif de la neige, qui sera central dans le recueil suivant, *Début et fin de la neige* ; dans le même temps, elle reprend la réflexion sur le langage, si centrale dans les *Récits en rêve*, avec un poème comme « Le mot *ronce*, dis-tu », ou encore les premiers vers de « L'orée du bois » : « Tu me dis que tu aimes le mot *ronce*,/Et j'ai là l'occasion de te parler ». La troisième section du recueil est assez différente : elle reprend d'abord le poème *Par où la terre finit*, qui avait paru en tirage limité en 1985, et qui est composé de dix parties ; s'y ajoutent « Là où creuse le vent », composé de trois parties respectivement de cinq, cinq et quatre quatrains, et « Dedham, vu de Langham », composé de deux parties, et faisant référence à Constable. L'ensemble donne alors l'impression de poèmes longs, dans lesquels la composition est fondamentale, et articulés sur des rythmes très différents : « Par où la terre finit » est un ensemble en prose ; « Là où creuse le vent » est structuré autour du quatrain, avec des mètres courts, l'hexasyllabe étant le plus long utilisé ; « Dedham, vu de Langham » utilise davantage l'alternance métrique longue/brève, comme dans les vers « Peintre,/L'étoile de tes tableaux est celle en plus/De l'infini qui peuple en vain les mondes[1] » : 1/11/10. Davantage encore qu'auparavant, les différentes voies prises par la création poétique d'Yves Bonnefoy semblent maintenant converger, dans une variété formelle importante, qui explore les possibles poétiques pour mieux saisir son objet principal, cette présence ineffable et désirée. La quatrième section confirme cette tendance : autour d'un long poème de sept parties à la métrique variable, « Le haut du monde », un poème de quatre quatrains, « Psyché devant le château d'Amour », et « Une pierre ». Classicisme formel du premier texte et invention rythmique du texte central joignent les renvois à la peinture, ici à Claude le Lorrain[2], ou les échos internes de l'œuvre, par le biais

---

1. *Ce qui fut sans lumière*, p. 68.
2. Claude le Lorrain a peint un *Paysage avec Psyché devant le château d'Éros*.

des poèmes « Une pierre ». La cinquième et dernière section comporte plusieurs poèmes composés de parties : « L'agitation du rêve », qui ouvre la section, est composée de quatre parties de plus en plus brèves ; elle est suivie des deux parties du « pays du sommet des arbres », qui précède « La nuit d'été », en cinq parties, puis « La barque aux deux sommeils », en quatre parties. Seul le dernier poème de la section et du recueil est isolé, « La tâche d'espérance ». Formellement, le quintil et le quatrain occupent une place prépondérante. Mais l'architecture de la section donne aux poèmes une ampleur plus marquée, et permet ainsi la mise en valeur du dernier texte, de deux simples quatrains. Alors que le recueil s'ouvrait sur « Le souvenir », qui était un rêve, alors que cette section même évoque « L'agitation du rêve », elle se clôt avec cette « tâche d'espérance » : « C'est l'aube. Et cette lampe a-t-elle donc fini/Ainsi sa tâche d'espérance, main posée/Dans le miroir embué sur la fièvre/De celui qui veillait, ne sachant pas mourir ?//Mais il est vrai qu'il ne l'a pas éteinte,/Elle brûle pour lui, malgré le ciel. » Le rêve se termine avec le retour du jour, mais l'espérance ne s'éteint pas avec la lampe du dormeur. Après « La nuit d'été », descendu de « La barque aux deux sommeils », il reste au poète rêveur à continuer son chemin.

Quatre ans après *Ce qui fut sans lumière* paraît donc *Début et fin de la neige*, suivi de *Là où retombe la flèche*[1]. Le recueil est ouvert par une citation de Pétrarque : « *Qual si posava in terra, e qual su l'onde ;/Qual con un vago errore/Girando parea dir : qui regna amore*[2] ». C'est donc la diversité des fleurs qui se posent, sur le sol, sur l'onde, en de charmants détours, qui est évoquée, pour dire l'amour. La négativité, si fréquente à l'ouverture des recueils de Bonnefoy, ne serait ici présente que par la neige même, et l'idée de l'hiver. On a par ailleurs vu que ce motif de la neige n'est pas nouveau dans l'œuvre puisque, outre le symbole du sang sur la neige dans *La Quête du Graal*[3], deux poèmes de *Ce qui fut sans lumière* l'évoquent. Or cette évocation n'est pas, loin s'en faut,

---

1. *Là où retombe la flèche* avait paru en 1988 au Mercure de France. Il est repris en 1991 avec *Début et fin de la neige*, puis sera totalement intégré au recueil dans l'édition de 2004.
2. Pétrarque, *Il Canzoniere*, CXXVI.
3. Ouvrage que Bonnefoy a édité et préfacé, avec Albert Béguin, en 1965.

celle d'un élément négatif : « Davantage de lumière ce soir/À cause de la neige[1] ». L'œuvre semble donc avancer vers une positivité plus assumée, ouverte à la « tâche d'espérance » que nous signalions. En considérant que *Là où retombe la flèche* fait partie intégrante du recueil, celui-ci est constitué de six ensembles. « La grande neige » comporte quinze poèmes : cinq n'ont pas de titre ; plusieurs titres désignent le simple du monde, comme à l'accoutumée, avec « Le miroir[2] », « La charrue », « Le peu d'eau », « Le jardin », « Les pommes », « L'été encore » ; quelques titres, sous des formes diverses, sont plus explicitement référentiels, comme « La vierge de miséricorde », « *De natura rerum* », « La parure » et « *Noli me tangere* ». Aristote et Lucrèce apparaissent d'ailleurs dans deux poèmes. Ce souci référentiel porte essentiellement, et il n'y rien là pour nous étonner, sur la question du langage et de ses rapports avec le monde. Les grandes obsessions de la poétique de Bonnefoy se retrouvent et s'il n'y a pas, du moins de façon explicite, d'allusions biographiques, la mémoire joue néanmoins une place prépondérante : « Et on essaye de lire, on ne comprend pas/Qui s'intéresse à nous dans la mémoire[3] ». Les sections suivantes sont toutes composées d'un seul poème, en parties séparées ou d'un seul tenant : « Les flambeaux », « Hopkins Forest », dont le caractère référentiel et biographique est beaucoup plus net, « Le tout, le rien », titre dont nous sommes maintenant familier, articulant le plus simple autour d'une virgule, et qui est composé de trois parties, « La seule rose », composé de quatre parties, et enfin « Là où retombe la flèche », composé de sept parties. Cette dernière section mérite qu'on s'y arrête plus particulièrement, dans la mesure où il s'agit de poèmes en prose, qui sont donc adjoints aux poèmes versifiés des autres sections, manifestant par là qu'il n'y a pas de rupture entre ces deux modes d'écriture. Par ailleurs, le personnage central de ce qui constitue une sorte de récit, tantôt désigné par un « il », tantôt par le « je », relève à n'en pas douter du

---

1. *Ce qui fut sans lumière,* p. 47.
2. Qui fait peut-être écho au « Miroir courbe » du recueil précédent, *Ce qui fut sans lumière,* pp. 24-25.
3. *Début et fin de la neige,* p. 119. Nous renvoyons à l'édition de poche.

débordement du rêve et du souvenir, et partant, de l'autobiographie, dans l'écriture. Inclure alors cette section dans le recueil n'était pas un geste neutre, commandé simplement par des contraintes éditoriales : il s'agit bien de fusionner maintenant les différents modes de l'écriture, et de faire se joindre les « récits en rêve », dont on a repéré quelques constantes, l'emploi de la prose, la réflexion sur le langage, la part autobiographique, et les poèmes en vers. C'est ce qui explique que nous nous soyons autorisé à parler de Bonnefoy comme poète en vers et en prose. À notre sens, la distinction, longtemps opérée dans les bibliographies, n'a pas lieu d'être : elle ne pointe qu'une apparente disparité formelle, au détriment d'une profonde unité de sens.

La publication de *La Vie errante*, en 1993, va confirmer cette unité. Comme précédemment, l'écriture et parfois la publication des différentes sections de ce recueil s'est faite au fur et à mesure de la constitution du précédent. Ainsi « Les Raisons de Zeuxis » ont initialement paru en 1987, « Encore les raisins de Zeuxis » en 1990, et « Derniers raisins de Zeuxis » en 1993 ; « Une autre époque de l'écriture », désignée par Bonnefoy lui-même comme un « récit en rêve » a connu une édition séparée en 1988, etc. L'aller-retour entre les différentes formes d'écriture est donc constant chez Bonnefoy. Dans son édition de poche, *La Vie errante* est suivie, outre du texte déjà mentionné, *Une autre époque de l'écriture*, qui était déjà intégré à la première édition de *La Vie errante*, des *Remarques sur le dessin*. Le recueil est donc composé de neuf sections, puis de ces deux textes. La première section, « "Lis le livre !" » est un texte de prose de sept pages. La seconde section, « La vie errante », qui donne donc son titre à l'ensemble, est composée de treize textes, d'une longueur variant entre une demie page (« Strabon le géographe ») et cinq pages et demi (« De grands blocs rouges ») : certains de ces textes renvoient à la peinture (« L'alchimiste de la couleur », « Impressions, soleil couchant », seul texte de cette section à n'être pas écrit en prose, « Paysage avec la fuite en Égypte » et « Tout l'or du monde », qui répond à « L'alchimiste de la couleur »), d'autres aux références les plus diverses, littéraires (« La naïda ») ou biographiques[1] (« Tout un matin dans la ville », « *Sugarfoot* »). Parmi ces textes, l'un a pour titre « La vie errante[2] », et doit donc être considéré comme le texte central du recueil, ou peut-être sa matrice : aussi nous paraît-il important de nous y arrêter, afin à la fois de dégager la spécificité du recueil, et de mieux comprendre le fonctionnement de la prose poétique d'Yves Bonnefoy. Cinq paragraphes composent ce texte qui raconte l'histoire d'un peintre, essayant de terminer, mais vainement, son tableau, avant un départ « vers une autre île ». Une tache imprévue vient éclabousser le tableau, et c'est l'illumination, « le don imprévu » : la présence est là, plutôt que dans ce tableau qui tentait de saisir le réel, mais n'était qu'un « reflet qui trahit ». On retrouve bien sûr là une problématique traditionnelle chez Bonnefoy. Notons toutefois l'ambiguïté du titre, « la vie errante », qui est à la fois celle de ce peintre sur le départ, ou celle de « Chateaubriand au bord du Jourdain », et celle-même de la présence. « J'ai arraché un lambeau à la robe qui a échappé comme un rêve aux doigts crispés de l'enfance », conclut le texte : la présence est ce lambeau, cette « épiphanie de ce qui n'a pas de forme, pas de sens », et appartient simultanément au réel et au rêve. Elle est « un fragment réel », davantage que le reflet mensonger qu'espérait le tableau, mais est aussi « comme un rêve », dans l'accès inespéré qu'elle procure à la « joie » ou au salut. Le récit lui-même occupe les deux premiers paragraphes, puis est relayé par la référence à Chateaubriand, et à l'« eau du Jourdain », les deux derniers paragraphes semblant reprendre le récit, mais non plus à la troisième personne, mais à la première. Ce glissement s'effectue autour de l'incident de la tache : c'est dire que ce qui vient illuminer « la vaine peinture » permet aussi de passer du récit à l'expérience intime. Nous aurions là l'une des formes majeures de la prose poétique d'Yves Bonnefoy : la captation du récit, qu'il soit ou non « en rêve », par l'expérience intérieure, au bénéfice double d'un salut de l'image

---

1. N'entendons pas par là qu'il s'agit réellement de la vie d'Yves Bonnefoy, nous ne le savons pas et peu nous importe d'ailleurs, mais qu'il pourrait s'agir d'une vie réelle de l'énonciateur qui dit « je », et dès lors d'une vie rêvée, si ce n'est réelle.
2. *La Vie errante*, pp. 26-27.

ou de l'écriture, et d'un réinvestissement du rêve et de l'enfance dans la réalité. Les trois sections suivantes[1] sont consacrées à Zeuxis : on sait l'histoire de ce peintre grec qui aurait peint des raisins avec tant de vérité que des oiseaux seraient venus becqueter son tableau[2]. Nous sommes donc toujours dans cette problématique de la vérité et de l'illusion, du mensonge de l'image mais aussi de sa tentative de saisir le réel. Les deux premières sections comportent neuf poèmes : on y trouve bien sûr des titres se rapportant à la peinture, ou à Zeuxis directement, des titres désignant, comme toujours, le simple du monde, et certains plus ouvertement centrés sur l'écriture. « Derniers raisins de Zeuxis » est un poème en neuf parties, assurant ainsi l'équilibre avec les deux sections précédentes, mais constituant un seul récit, autour de Zeuxis. Deux sections très brèves suivent alors : « De vent et de fumée », poème en trois parties, en vers libres, consacré à Hélène, et « Une pierre ». Le recueil mélange donc volontairement des textes de prose de taille variable, dont on pourrait dire que certains sont des poèmes en prose et d'autres des « récits en rêve », et des poèmes en vers. On voit donc bien que l'apparente dualité de l'œuvre, entre ce qui serait la poésie dans on ne sait quel sens strict, et les récits de prose, ne tient plus : l'unité profonde, déjà pressentie, est ici mise au premier plan. La section suivante, la huitième du recueil, « Deux musiciens, trois peut-être », est composée de cinq textes de prose : notons le second, « Trois souvenirs du voyage », qui renvoie à l'une des thématiques du recueil, l'errance, et le dernier, « L'autoportrait de Zeuxis », qui établit une forte unité du recueil autour de cette figure. Enfin, la dernière section, « Le canot de Samuel Beckett », est un texte de prose de cinq pages. Son insertion dans le recueil n'est pas anodine : alors qu'une autre frontière semble évidemment traverser l'œuvre de Bonnefoy, frontière qui séparerait les textes de littérature, poésie en vers ou textes en prose, peu importe, et les textes critiques, consacrés à la peinture ou à la littérature, voilà cette nouvelle dualité mise à mal. L'œuvre est une, à l'image de l'unité fondamentale du monde qu'elle s'est donnée pour tâche de saisir. Enfin, le recueil

---

1. « Les raisins de Zeuxis », « Encore les raisins de Zeuxis » et « Derniers raisins de Zeuxis ».
2. Cette histoire est racontée par Pline l'Ancien, *Histoires naturelles,* Livre XXXV.

comporte deux textes supplémentaires, « Une autre époque de l'écriture », « récit en rêve » composé en deux parties, texte fondamental à propos d'une origine rêvée du langage dans laquelle les signes ne seraient pas arbitraires, et « Remarques sur le dessin ». Toutes les séparations que l'on pouvait esquisser dans l'œuvre ont donc volé en éclats : le « récit en rêve[1] » côtoie les poèmes en vers, les textes critiques consacrés à la peinture ou à l'écriture rencontrent ceux qui les rêvent. La progression de l'œuvre vers une plus grande unité et une abolition des apparences séparatrices, pressentie dès les recueils antérieurs, est maintenant avérée. Tous ces fils tissés au cours des années, c'est à proprement parler, « la vie errante », en son unité première.

La parution du dernier recueil d'Yves Bonnefoy, *Les Planches courbes*, en 2001, confirme largement cette unité conquise. Avant même d'entrer dans son détail, constatons tout de suite qu'il comporte aussi bien des textes en prose, « Les planches courbes[2] » et « Jeter des pierres », que des textes en vers, et que les thèmes autobiographiques, jusqu'à présent plus assumés dans les « récits en rêve », prennent là une place essentielle, par exemple avec « La maison natale ». Sept sections, très diversement structurées, composent le recueil. Plusieurs de ces sections coïncident avec un poème, séparé en plusieurs parties : « La voix lointaine », en onze parties numérotées, « Dans le leurre des mots[3] », en deux parties, « La maison natale », en douze parties, « Les planches courbes », d'un seul tenant. Deux sections ont une très forte unité, sans être constituées d'un seul poème : « L'encore aveugle », qui comporte deux poèmes, « L'encore aveugle » en deux parties, et « L'or sans visage » en trois parties ; et « Jeter des pierres », dernière section du recueil, qui comporte trois textes, « Rouler plus vite », « Rouler plus loin » et « Jeter des pierres ». Notons à ce propos la présence importante du motif de la pierre dans ce recueil, que nous avons déjà commentée, et celle aussi de la voix. De même que nous avons fait

---

1. Désigné comme tel pour ce qui est d'« Une autre époque de l'écriture ».
2. Cette section donnant son titre au recueil, il est légitime de lui accorder une place prépondérante : c'est donc la prose, minoritaire dans le recueil, qui a pourtant la primauté.
3. Dont le titre rappelle évidemment, autre facteur d'unité, *Dans le leurre du seuil*.

Approches de l'œuvre

le bilan des poèmes titrés « Une pierre », il convient maintenant de faire celui des poèmes titrés « Une voix » : ils sont au nombre de trois dans *Du mouvement et de l'immobilité de Douve*, accompagnés de deux poèmes comprenant le mot « voix » dans leur titre — tous appartiennent à la section « Douve parle » ; on en compte trois dans *Hier régnant désert*, accompagnés de trois poèmes avec le mot « voix » ; trois dans *Pierre écrite* ; deux comportant le mot « voix » dans *Ce qui fut sans lumière* ; enfin, deux poèmes numérotés sous le titre « Une voix », et la section de onze poèmes, « La voix lointaine », dans *Les Planches courbes*. C'est dire qu'il y a bien un retour de ce type de poèmes dans le dernier recueil, garant lui aussi d'une profonde unité de l'œuvre. Il n'est pas indifférent par ailleurs que soit donnée à la voix une telle importance, c'est-à-dire à ce qui est le langage dans le corps, par le corps. Enfin, attardons-nous sur la première section du recueil, « La pluie d'été », dont certains poèmes ont connu une pré-publication en 1999. Elle est elle-même divisée en trois parties, « La pluie d'été », « La pluie sur le ravin » et « À même rive ». À l'image de l'ensemble du recueil, les deux dernières sous-sections, « La pluie sur le ravin » et « À même rive », sont chacune composées d'un unique poème en trois parties. La première sous-section, « La pluie d'été », comporte quant à elle dix-neuf poèmes : neuf ont pour titre « Une pierre », confortant encore les effets d'écho déjà mentionnés avec le reste de l'œuvre ; quatre n'ont pas de titre, dont un qu'Yves Bonnefoy nous a explicitement désigné comme apparenté aux pierres[1] ; les autres poèmes, « Les rainettes, le soir », « La pluie d'été », « Les chemins », « Hier, l'inachevable », « Que ce monde demeure ! » et « Une voix », comportent entre une et huit parties. On retrouve des titres organisés autour de la virgule, des titres-phrases, et des pierres et des voix, bien sûr. L'ensemble du recueil, on l'a vu, prend le titre de l'une de ses sections[2] ; aussi convient-il de comprendre ce

---

1. Nous en avons déjà parlé, *Les Planches courbes*, p. 40.
2. C'est une pratique courante chez Bonnefoy, mais dans laquelle une distinction s'impose : le recueil a soit le titre d'une section (par exemple *Pierre écrite*), soit le titre d'une section qui n'est qu'un poème (par exemple *Dans le leurre du seuil* ou *Les Planches courbes*), soit le titre d'une section qui reprend le titre d'un poème (par exemple *La Vie errante*).

choix, qui oriente en partie la lecture même du recueil. C'est le récit d'un enfant hors-langage, non qu'il ne parle pas, mais parce que des mots essentiels comme père ou mère n'ont pas de sens pour lui, qui rencontre un passeur, figure mixte du nautonier Charon et de Saint-Christophe[1], et qui lui demande à la fois de lui faire passer la rivière et d'être son père. Il est tout à fait remarquable que la figure du père, quasi absente de l'œuvre jusqu'ici, contrairement à celle de la mère, soit ainsi mise en valeur. Et cet aspect est encore renforcé par l'évocation, au sein de « La maison natale » dans laquelle la mère a une place centrale, de ce « père au fond du jardin » à propos duquel il est écrit : « Qui était-il, qui avait-il été dans la lumière,/Je ne le savais pas, je ne sais encore[2]. » Dès lors, non seulement la part autobiographique du recueil apparaît centrale, d'un point de vue thématique, mais encore elle est mise en valeur par le choix de ce titre, et en quelque sorte décentrée de la mère vers le père[3] : tel serait le sens de ce choix.

Plusieurs textes ont paru depuis *Les Planches courbes*, essais ou poèmes. Sans qu'il soit encore possible d'en avoir une vision claire, puisque l'on peut supposer qu'à l'instar des autres textes parus ici ou là, en revue ou en plaquette, ceux-ci seront regroupés en recueil et que de ce regroupement naîtra une perspective nouvelle, du moins peut-on d'ores et déjà souligner quelques constantes. Beaucoup des textes récents sont consacrés à la peinture, beaucoup à la poésie. Or un texte apparaît avec le sous-titre « essai de critique en rêve[4] » : on ne saurait mieux souligner ce que nous notions déjà, à savoir la profonde unité de l'œuvre, et par conséquent aussi celle de l'œuvre critique avec l'œuvre

---

1. Nous reviendrons sur le rôle de ces figures. Par ailleurs, la question du langage, comme toujours, est centrale, et l'interprétation de l'enfant comme *infans*, si elle est ici originale, n'est évidemment pas nouvelle pour autant.
2. *Les Planches courbes*, p. 90.
3. Si nous parlons de décentrement, c'est bien sûr parce que la figure de la mère n'est pas nouvelle dans l'œuvre, depuis *Rue Traversière* : aussi pouvait-on la croire au centre des préoccupations autobiographiques. À cet égard, les travaux sur Rimbaud et Giacometti, et l'insistance sur leurs mères, ne pouvaient que renforcer cet effet.
4. *La Hantise du ptyx*, William Blake and Co, 2003.

poétique. Il est donc tout à fait possible que certains de ces textes soient regroupés dans un ensemble d'essais critiques, comme il est possible que d'autres trouvent leur place au sein d'un recueil. D'autre part, plusieurs textes récents, et qui ne sont pas des traductions de Shakespeare, en appellent à la notion de théâtre. Celle-ci ouvrait presque l'œuvre avec le « théâtre de Douve » ; elle réapparaît avec *Le Théâtre des Enfants*, ensemble de cinq textes en prose, et est évoquée dans *Le Désordre*, qui commence par les mots : « Sur scène des hommes et des femmes ». Les différentes « voix » de ce texte sont en vers libre. On voit là que cette préoccupation d'Yves Bonnefoy pour le théâtre, en germe dès les premiers textes, continuée tout au long de l'œuvre en particulier dans la fréquentation de Shakespeare, semble chercher encore une forme où s'exprimer, à la fois dans une grande continuité et unité de l'œuvre, mais aussi dans son perpétuel renouveau. C'est là qu'il devient évidemment difficile de dire ce qu'il adviendra de cette voie.

Bonnefoy et les autres artistes

Bien que tout notre propos a tendu à démontrer que l'œuvre d'Yves Bonnefoy relevait d'une unité profonde, qui transcendait les séparations factices en vers et prose, ou entre littérature et critique, la clarté de l'exposé suppose néanmoins cette séparation. Aussi avons-nous préféré aborder à part la question critique, pour tenter d'en garder l'essentiel. À cet effet, il ne nous a pas paru nécessaire d'évoquer tous les textes critiques d'Yves Bonnefoy. Nous préférons tracer les grandes lignes d'une extrême profusion, puis nous arrêter plus précisément sur trois œuvres fondamentales dans la réflexion et l'évolution même d'Yves Bonnefoy, celles de Rimbaud, de Giacometti et de Shakespeare.

■ Profusion de l'œuvre critique et de traduction

Le nombre d'écrivains, plus ou moins célèbres, sur lesquels Bonnefoy a écrit, et des pages bien souvent fondamentales, est impressionnant : dans le plus grand désordre, citons Charles Baudelaire, Gilbert Lely, Paul Valéry, Léon Chestov, Georges Séféris, Stéphane Mallarmé, Arthur Rimbaud, Saint John Perse, Pierre-Jean Jouve, Paul Celan, Bashô, Marceline Desbordes-Valmore, Gérard de Nerval, Louis-René des Forêts, Gaëtan Picon, Pierre-Albert Jourdan, Jorge Luis Borges, Henri Michaux, Boris de Schloezer, William Shakespeare, William Butler Yeats, André Breton, Giacomo Leopardi, Rainer Maria Rilke, André du Bouchet, Étienne Durand, etc. ; et il faut aussi mentionner des œuvres aussi importantes que *La Chanson de Roland*, le *Roland furieux* ou *La Quête du Graal*... On peut néanmoins essayer d'établir là quelques distinctions. Il y a d'abord chez Bonnefoy une réflexion historique, qui s'appuie sur certaines œuvres de référence, et bien vite sur des œuvres élues : cette réflexion porte aussi bien sur la littérature que sur l'histoire de l'art ou l'histoire des idées, et en particulier bien sûr sur la peinture. Il y a ensuite un nombre important d'écrits de « compagnonnage » : les uns sont très brefs, introductions à des catalogues d'exposition ou articles courts[1], d'autres sont le fruit d'un travail beaucoup plus important, et se distinguent par leur ampleur[2], mais tous néanmoins obéissent à une logique similaire aux précédents, c'est-à-dire s'inscrivent dans une histoire des idées. Bonnefoy n'écrit que pour comprendre comment une œuvre lit son époque, en exprime les problèmes, comme on exprimerait un suc, et apporte ses réponses ; et à travers ces œuvres lues et interrogées, ce sont toujours les questions que Bonnefoy se pose lui-même qui orientent sa réflexion. Aussi trouvera-t-on dans tous ces textes un certain nombre de similarités, à la fois dans les problématiques posées, et dans le mode même de l'interrogation.

Si l'on cherche à faire un tour rapide du travail critique de Bonnefoy, disons que pour une part importante, il s'est intéressé aux écrivains à l'origine de la modernité : Baudelaire, bien sûr, auquel de nombreux articles sont consacrés[3],

---

1. C'est par exemple le cas des textes réunis dans *Sur un sculpteur et des peintres*, Plon, 1989.
2. « Une écriture de notre temps », l'article consacré à Louis-René des Forêts dans la NRF et repris dans *La Vérité de parole*, Paris, Mercure de France, 1988, occupe 148 pages !
3. « Les Fleurs du Mal », *L'Improbable*, pp. 31-40 ; « Baudelaire contre Rubens », *Le Nuage rouge*, pp. 9-80 ; « Baudelaire », *Lieux et destins de l'image*, pp. 207-235 ; « Baudelaire et la tentation de l'oubli », « La tentation de l'oubli (2) » et « "La belle Dorothée" ou poésie et peinture », *Sous*

Approches de l'œuvre 57

mais aussi Nerval[1], Marceline Desbordes-Valmore[2] ou Mallarmé[3]. Avec aussi le travail sur Rimbaud, sur lequel nous nous proposons de nous arrêter davantage, il s'agit de comprendre comment la modernité a été placée devant des choix nouveaux, et les modes de réponse qu'elle a dû inventer. En quelques mots, qui seront nécessairement schématiques, ces poètes, à la sortie du Romantisme, se sont trouvés devant un monde dans lequel Dieu n'avait plus sa place, et où le rôle de la poésie devenait problématique. Être Hugo, éclaireur du troupeau et héraut d'une parole divine n'était plus possible ; le langage lui-même s'avérait alors mensonger, puisqu'il n'était plus le garant d'un rapport simple au monde. Deux voies se sont offertes : celle que va explorer Mallarmé, et Valéry[4] à sa suite, qui tentent de constituer le langage comme un monde autonome, visant à une perfection interne, et se détachant alors du monde et du réel ; celle au contraire que Bonnefoy lit chez Rimbaud, se confrontant au réel, disloquant le langage dans cet affrontement avec le monde, cherchant à la fois à « réinventer l'amour » et à se faire « paysan ». Dans ce duel entre la présence cherchée, rêvée parfois, et un idéal de beauté qui tend à s'affranchir du réel dans un emploi forclos du langage, Baudelaire se serait débattu, écartelé entre le spleen et l'idéal. Ce sont des problématiques identiques qui guident la lecture des contemporains, et notamment des amis : quand Bonnefoy lit Louis-René des

---

l'horizon du langage, respectivement pp. 115-132, pp. 133-162 et pp. 163-178 ; *Goya, Baudelaire et la poésie (entretien avec Jean Starobinski)*, La Dogana, 2004.
1. *La Vérité de parole*, pp. 41-63.
2. « Marceline Desbordes-Valmore », *ibid.*, pp. 9-40.
3. « La poétique de Mallarmé », *Le Nuage rouge*, pp. 183-211 ; « Les héritiers de Baudelaire : la poétique de Mallarmé » et « La poétique de Mallarmé : quelques remarques », *Lieux et destins de l'image*, pp. 237-271 ; « La clef de la dernière cassette », « Igitur et le photographe », « L'or du futile » et « L'unique et son interlocuteur », *Sous l'horizon du langage*, respectivement pp. 179-208, pp. 209-244, pp. 245-284 et pp. 285-305 ; *La Hantise du Ptyx, un essai de critique en rêve*, Paris, William Blake & Co, 2003.
4. « Paul Valéry », *L'Improbable*, pp. 99-105.

Forêts[1], c'est pour s'opposer longuement, méthodiquement, à la lecture qu'en avait proposée auparavant Maurice Blanchot. Loin d'en faire, comme le proposait Blanchot, un chantre de l'absence et du silence, un auteur de la négation du monde, Bonnefoy invite au contraire à le lire comme un écrivain ancré dans son temps, et dans le réel : nul doute en effet que l'écriture de Des Forêts ne soit l'une de celle qui a le plus systématiquement exploré la question des rapports de la mémoire, de l'écriture et du réel. À cet égard, il s'agit bien — c'est ce que soulignait Blanchot — d'une écriture du doute, d'une écriture qui met en doute le rapport du langage au réel, mais il n'y a là qu'une apparente contradiction avec ce qu'écrit Bonnefoy : quel auteur en effet a plus systématiquement porté le soupçon contre le langage que Bonnefoy lui-même, dénonçant sans relâche « le leurre des mots » ? Mais quel auteur aussi a cherché derrière ce leurre la présence du monde plus que lui ? Aussi n'est-il guère surprenant qu'il découvre chez Des Forêts une démarche du même ordre, dans laquelle la mise en accusation du langage apparaît même comme une garantie de la quête de la présence.

Il nous semble que les grands essais sur la peinture, ou les très nombreux articles qui y sont consacrés, relèvent d'une logique similaire. Notons d'abord, à l'instar du travail de critique littéraire, l'extrême étendue du champ du critique d'art. Les travaux de Bonnefoy ont pour objets, pour n'en citer que quelques-uns, Miró, Balthus, Ubac, Fra Angelico, Michel-Ange, Caravage, Degas, Hercule Seghers, Giovanni Bellini, Elsheimer, Morandi, Mondrian, Garache, Mantegna, Tiepolo, Chirico, Poussin, Titus-Carmel, le Bernin, Piero della Francesca, Borromini, Goya, Aléchinsky... mais aussi les *Peintures murales de la France gothique*, les travaux d'amis et d'illustrateurs, et bien sûr Giacometti. Que cherche Bonnefoy dans ces peintres ou ces artistes si divers ? Pourquoi un tel intérêt pour la peinture italienne, et comment trouver là des préoccupations liées à notre modernité ? C'est que Bonnefoy décèle, dans le travail sur l'image et la représentation, une sorte de double du problème du langage et du réel :

---

[1]. Louis-René des Forêts est l'auteur d'un roman, de plusieurs récits, de poèmes, et de textes autobiographiques. Son récit *Le Bavard* a beaucoup marqué, et son grand projet final, *Ostinato*, éclaté en plusieurs publications, est l'un des ouvrages les plus marquants de la fin du XXe siècle.

l'image s'est voulue le réel, quand elle n'en était que le reflet, et une forme du mensonge. Si certains artistes, c'est par exemple le reproche fait à Borromini, se sont laissés prendre à cette illusion et ont alors préféré le reflet au réel, cédant en quelque sorte au « culte des images », d'autres ont perçu ce danger, et ont compris que c'était alors nier le monde et non plus chercher à le représenter. Bonnefoy lit dans les trajets des peintres qu'il a élus, Poussin, Elsheimer, d'autres encore, cette préoccupation qui est la sienne : ne pas renoncer au culte de la beauté, mais le prendre pour ce qu'il est, en inscrivant à même la toile que la beauté n'est qu'illusion, et que le réel s'échappe toujours de l'œuvre de qui prétend le fixer. On voit bien qu'entre ces travaux critiques et les nombreux « récits en rêve » qui ont un peintre pour personnage central ou les poèmes consacrés à Zeuxis, les échanges sont incessants. On voit bien aussi que la lecture que propose Bonnefoy des uns ou des autres obéit à une double logique : une logique propre au travail critique, faite d'érudition et d'analyse, et qui a permis à Bonnefoy d'être considéré comme un critique d'art de premier plan ; mais de façon non moins importante, une logique interne à l'œuvre, qui choisit les auteurs élus moins pour des raisons d'histoire de l'art que par une affinité sensible et théorique. C'est probablement ce second point, le fait qu'en chaque artiste analysé Bonnefoy se lise lui-même, qu'en chaque artiste analysé, et même si des siècles les séparent, il retrouve ses préoccupations de toujours, qui donne à ses essais cette dimension particulière. Le poète qui se fait critique d'art, et Baudelaire illustre évidemment ce propos, nourrit sa poésie de sa critique, mais aussi éclaire sa critique par sa pratique.

Or l'élaboration des textes critiques d'Yves Bonnefoy s'est toujours faite au fur et à mesure de l'élaboration poétique. Un simple coup d'œil sur la bibliographie et sur les dates de publication permet de voir cette évolution conjointe, par exemple jusqu'à la réunion en un volume de l'ensemble des *Poèmes* :

	Œuvres poétiques		Œuvres critiques
1953	Du mouvement et de l'immobilité de Douve		
1958	Hier régnant désert		
		1959	L'Improbable
		1961	Arthur Rimbaud
1965	Pierre écrite		
		1967	Un rêve fait à Mantoue
		1970	Rome, 1630 : l'horizon du premier baroque
1972	L'Arrière-pays		
1975	Dans le leurre du seuil		
1977	Rue Traversière	1977	Le Nuage rouge
1978	Poèmes		

Dès lors, les interactions entre théorie et pratique ont été constantes, comme le montrent assez les innombrables références qui émaillent les poèmes, depuis la citation initiale de Hegel, jusqu'aux présences d'Aristote ici et de Lucrèce là.

Et cet échange permanent a encore été accru par la dernière part de l'œuvre d'Yves Bonnefoy, son immense travail de traducteur. La profusion des œuvres est ici moins grande, mais néanmoins non négligeable, du fait de leur importance : Shakespeare d'abord, dont Bonnefoy a traduit à ce jour une dizaine de pièces de théâtre, et les poèmes ; puis des textes de Yeats et de Keats, dans le domaine anglais, et de Leopardi, dans le domaine italien. Ces traductions, pour ce qui concerne Shakespeare et Yeats, ont été accompagnées de nombreuses préfaces, ou d'interventions, qui forment un ensemble théorique sur ces auteurs, et sur la traduction, tout à fait majeur. On n'imaginerait pas quelqu'un se lancer aujourd'hui dans la traduction de Shakespeare en ignorant l'immense travail d'Yves Bonnefoy, et les choix auxquels celui-ci a procédé. La proximité de ces œuvres a par ailleurs, à l'évidence, nourri à la fois la réflexion théorique et la pratique de la poésie. La présence du *Conte d'hiver*, par exemple, dans *Dans le leurre du seuil*, est de première importance, comme celle de Keats, et en particulier de son *Ode à une urne grecque*[1], dans *Les Planches courbes*.

■ Rimbaud

Pour mieux comprendre l'importance du travail critique d'Yves Bonnefoy dans l'élaboration de son œuvre, il nous a donc paru plus simple de nous arrêter sur l'interprétation qu'il donne de quelques-unes des œuvres élues, et celle d'abord de Rimbaud. En 1961 paraît *Rimbaud*, aux éditions du Seuil, dans la collection « Écrivains de toujours ». Ce petit livre, régulièrement réédité depuis, reste l'un des plus importants ouvrages écrits sur Rimbaud. Quelle est la thèse de Bonnefoy ? D'abord, que Rimbaud est un être déchiré, qui a été privé durant son enfance de l'amour qui l'aurait assuré d'un rapport plus immédiat au monde ; d'où cette nécessité par la suite, pour Rimbaud, de « réinventer l'amour ». Le rapport au réel, qui aurait dû être rendu possible par l'amour maternel, s'installe donc dans la distance et dans la défiance. Mais très vite, Rimbaud est pris et comme piégé dans une tension paradoxale : tension entre cette défiance qui ne le quittera jamais, et l'intuition pourtant que le bonheur est là, que le réel est à portée de la main, et qu'il suffit de le prendre. Si Rimbaud a rejeté avec tant de violence le milieu étriqué de Charleville, s'il a multiplié les provocations de tout ordre, comme pour renvoyer à cette mère mal-aimante une sorte de morale inversée, c'était pour clamer son besoin d'amour, et partant, cette nécessité ressentie d'un rapport plus immédiat au réel. Aussi considère-t-il qu'il a « la réalité rugueuse à étreindre », et le devoir de se faire « paysan ». Mais ce programme poétique semble ne pas aboutir : non seulement aucun apaisement qui viendrait adoucir les souffrances du jeune Rimbaud n'est lisible dans l'œuvre, mais encore la violence des textes, si elle se modifie au fur et à mesure de l'œuvre, ne baisse pourtant pas en intensité ; par ailleurs, on le sait, Rimbaud décide d'abandonner la littérature et de se vouer au silence. S'agit-il, comme d'aucuns

---

1. On trouve ce texte et sa traduction par Yves Bonnefoy dans *Keats et Leopardi*, Mercure de France, 2000, pp. 29-33.

le pensent, de l'aboutissement de la mystique rimbaldienne ? Telle n'est pas la thèse d'Yves Bonnefoy, qui considère au contraire que c'est là la marque de l'échec de Rimbaud, qui n'est jamais parvenu à dépasser ce manque d'amour fondateur. Il a essayé de trouver dans le langage un salut, comme Baudelaire avant lui, mais son rapport au réel est resté imprégné de la distance et de la défiance initiales. Son œuvre est donc caractérisée par une tension irrésolue, et par l'ambiguïté.

Les travaux de Bonnefoy sur Rimbaud sont nombreux : le texte de 1961 n'est que le premier d'une longue série, dans laquelle il faut aussi relever l'article du *Nuage rouge*[1], celui de *La Vérité de parole*[2], et les nombreuses interprétations de poèmes précis de Rimbaud que Bonnefoy a données. L'évolution la plus marquante dans la perception que Bonnefoy a de Rimbaud tient à l'évaluation du personnage de Madame Rimbaud. Elle apparaît d'abord comme la mère mal-aimante, qui serait à l'origine du manque d'amour fondateur de l'adolescent : c'est dire combien sa responsabilité est importante, aussi bien dans la violence qui animera le jeune homme, que dans l'échec final auquel il sera conduit. Mais les textes ultérieurs marquent une évolution importante. Si Madame Rimbaud fut froide, si elle ne sut sans doute pas aimer son fils comme celui-ci aurait voulu l'être, si elle érigea probablement une norme sociale et un souci manifeste du qu'en dira-t-on en règles de vie, c'est aussi qu'il lui fallut seule élever ses enfants, dans une société qu'elle n'avait pas faite, et avec le fils que l'on sait ; aussi Bonnefoy se montre-t-il plus compréhensif pour cette femme qu'accablaient pourtant ses premiers textes sur Rimbaud. Peut-être n'a-t-elle pas donné à Rimbaud tout l'amour qu'il réclamait, ou qui lui était dû, mais celui-ci n'a pas su non plus passer outre ce manque initial, et retrouver la présence au monde. Piégé sans doute par sa propre violence, par la phase nécessaire de destruction que lui imposaient tant les règles maternelles que sociales, Rimbaud n'est pas parvenu à établir au-delà un rapport pacifié avec le réel. De ce point de vue, l'interprétation de Bonnefoy n'a pas varié, sinon que la responsabilité de

---

[1]. « Rimbaud encore », *Le Nuage rouge*, pp. 213-219.
[2]. « Madame Rimbaud », *La Vérité de parole*, pp. 65-111.

Mme Rimbaud n'est plus première. La seconde évolution marquante dans les rapports de Bonnefoy à l'œuvre de Rimbaud se situe justement dans l'interprétation de cet échec : si c'est bien Rimbaud qui n'a pas su combler le manque d'amour dont il souffrait, alors il ne peut plus jouer pour Bonnefoy le rôle de guide ou de père spirituel que les premiers textes semblaient lui accorder. Yves Bonnefoy a d'ailleurs convenu de ce point dans un entretien que rapporte M.-C. Bancquart[1], et où il précise qu'à la figure de Rimbaud s'est substituée pour lui, dans les années soixante-dix, celle de Poussin. Car si les déchirements rimbaldiens ne sont certes pas étrangers à Bonnefoy, toute son œuvre tend vers leur dépassement, au bénéfice de la présence retrouvée, ou toujours espérée.

Quelle est alors l'importance, non pas du travail critique de Bonnefoy sur Rimbaud, dont la place au sein de la critique rimbaldienne n'est plus à démontrer, mais de la figure de Rimbaud dans l'économie de l'œuvre de Bonnefoy ? Il nous semble qu'elle occupe une place double. D'une part, quantitativement, c'est avec Baudelaire l'auteur sur lequel Bonnefoy a le plus écrit — on ne saurait donc l'écarter sans quelque imprudence, et ce point seul justifie notre choix de s'être arrêté sur cette œuvre. D'autre part, symboliquement, Bonnefoy s'est écrit en Rimbaud. Dans le texte de 1961, il paraît évident que le portrait qui est fait de Rimbaud, à bien des égards, est un portrait de Bonnefoy en poète. « Il se peut que la poésie, nous engageant tout entiers dans la quête de l'unité, dans un rapport aussi absolu que possible avec la présence même de l'être, ne fasse ainsi que nous séparer des autres êtres, rétablissant la dualité que nous pouvions penser disparue. Il se peut que la poésie ne soit jamais qu'une impasse. Qu'elle ne trouve sa vérité que dans l'aveu de l'échec[2]. » L'emploi du « nous » dans ce texte, et l'on pourrait en citer de nombreux autres similaires, montre bien que l'inquiétude qui s'exprime ici touche autant sinon plus Bonnefoy que Rimbaud. N'oublions pas que ce texte date de 1961, c'est-à-dire qu'il paraît entre *Hier régnant désert* et *Pierre écrite*, moment de l'œuvre parmi les plus

---

1. M.-C. Bancquart, « Yves Bonnefoy et Arthur Rimbaud », *Europe*, n° 890-891, juin-juillet 2003, p. 183.
2. *Rimbaud*, p. 79.

sombres, dans lequel Bonnefoy n'est plus sûr du chemin choisi, et s'interroge donc sur l'échec. Pour confirmation, lisons d'ailleurs les lignes suivantes du même texte : « Mais cette vérité-là, pour l'instant au moins, ne saurait consoler Rimbaud. Il ne se soucie qu'assez peu de dire, il prétend toujours au salut. » Qui énonce qu'il s'agit là d'une vérité, puisque Rimbaud justement ne « dit » pas ? La vérité est bien davantage qu'autre chose celle de Bonnefoy. Mais qui aussi « prétend toujours au salut » ? Rimbaud sans doute, mais avec lui son interprète. Et l'on voit clairement que les deux figures, celle du poète révolté et celle de son critique attentif, se superposent : l'un parle au nom de l'autre, et fait sienne en même temps la parole de l'autre, siennes les inquiétudes de l'autre. En écrivant sur Rimbaud, Bonnefoy a assumé sa révolte — celle qui chez lui s'est exprimée notamment durant la période surréaliste —, a assumé à la fois l'espoir dévolu au langage, et les inquiétudes radicales à son encontre. Et s'il s'est par la suite, on l'a vu, écarté du modèle rimbaldien au profit de Poussin, modèle plus positif, c'est parce la figure rimbaldienne avait joué son rôle dans l'économie de l'œuvre, permettant son propre dépassement. Rien d'étonnant d'ailleurs à ce que Bonnefoy estime que ce changement de figure a eu lieu dans les années soixante-dix, puisque c'est en 1975 que paraît *Dans le leurre du seuil*. Accepter le leurre, accepter à la fois la défiance envers le langage et l'amour de la beauté trompeuse, c'est ce que Rimbaud n'a pas su faire. En quelque sorte, on pourrait dire que l'ambivalence est la même chez les deux poètes, à cela près que l'un, Rimbaud, n'a pas su la supporter, tandis que l'autre l'a pleinement faite sienne.

■ Giacometti

Et l'on va retrouver une ambivalence identique au cœur de la figure de Giacometti. Avant d'en dessiner les contours, il nous paraît d'abord nécessaire d'expliquer notre choix. Si nous avons préféré nous arrêter sur Giacometti, plutôt par exemple que sur Poussin, c'est du fait de l'importance, quantitative et qualitative, des textes que Bonnefoy lui a consacrée, et de la chronologie de ces textes, qui suit l'ensemble de l'œuvre. Le premier texte date de 1967[1], les suivants sont respectivement de 1982 et 1983[2], puis de 1991[3] et enfin de 2002[4]. C'est dire que la réflexion sur l'œuvre de Giacometti a duré de longues années, qu'elle a accompagné le cheminement de Bonnefoy, et sa propre maturation. Constatons par ailleurs d'emblée qu'entre Rimbaud et Giacometti, Bonnefoy établit des liens importants. Le premier les relie à la terre : l'un comme l'autre, au sens où Rimbaud emploie ce mot, se veulent « paysan ». Dans le cas de Giacometti, le lien à la terre est omniprésent. Il est d'abord le lien avec son pays natal, Stampa, village des Alpes suisses dans lequel l'artiste, même durant les années les plus parisiennes de sa vie, est toujours retourné, comme pour y reprendre source au contact d'une terre nourricière. La vie y est âpre, mais c'est elle qui garantit ce contact avec le réel. Stampa, c'est aussi la maison familiale, et en particulier la maison de la mère, qui mourra deux ans avant son fils. Ce point est essentiel, dans la similitude des trajets de Rimbaud et de Giacometti. L'importance de la mère de l'artiste a été soulignée par tous ses interprètes*. Elle est très singulièrement présentée par Bonnefoy : « Madame Giacometti fut de ce fait "masculine" [...], masculine comme Madame Rimbaud par exemple, cette autre grande présence au seuil d'une œuvre moderne, et qui vécut presque à la même époque et dans un milieu social semblablement provincial et conservateur[5]. » Tout est dit : le poids social, la rigueur conservatrice, dans un milieu souvent difficile, se seront exercés de la même façon pour Rimbaud ou pour Giacometti. Si ce n'est pas là le manque d'amour qui sera la cause du divorce d'avec le réel, comme pour Rimbaud, c'est la rigueur protestante. Et Giacometti

---

1. « L'Étranger de Giacometti », paru dans le n° 1 de *L'Éphémère*, et repris dans *L'Improbable*, pp. 319-332.
2. « La poétique de Giacometti I » et « La poétique de Giacometti II », résumés de cours du Collège de France, *Lieux et destins de l'image*, pp. 39-54 et pp. 59-77.
3. « Le désir de Giacometti » et « Giacometti : le problème des deux époques », *Dessin, couleur et lumière*, pp. 271-287 et pp. 289-301, et surtout l'immense *Giacometti, biographie d'une œuvre*.
4. *Remarques sur le regard*, Calmann-Lévy, 2002, qui regroupe « Le projet de Giacometti », pp. 31-70, « Picasso et Giacometti », pp. 73-123, et » Morandi et Giacometti », pp. 125-149.
5. *Giacometti, biographie d'une œuvre*, pp. 9-10.

dès lors sera déchiré toujours entre ce qui naturellement, et aussi du fait sa mère, le porte vers la terre et le réel, et simultanément l'impossible accès à ce réel, refusé par un surmoi trop puissant. Comment se manifeste ce paradoxe ? Il suffit sans doute d'observer un portrait de Giacometti, l'un des innombrables portraits de son frère Diego, par exemple, ou de son épouse Annette. Qu'y voit-on ? Le dessin premier est vite surchargé de traits, qui cernent les yeux, le nez, suivant les portraits, et finissent par faire disparaître en quelque sorte le visage derrière ce qui cherche à saisir le regard. Car pour Giacometti, il s'agit de saisir l'être. Le paradoxe, dans les termes habituels de Bonnefoy, est posé : en cherchant l'être, ne perd-on pas la présence même, au prétexte d'une vérité cachée ? Mais dans le même temps, peut-on se contenter de la ressemblance des traits, quand le regard n'a pas été saisi ? Les nombreux textes de Giacometti témoignent de cette déchirure, comme l'évolution même de son œuvre. Surréaliste un temps, Giacometti est brusquement revenu à l'étude, au dessin, et au portrait. Qu'est-ce à dire ? Avec le surréalisme et la violence qu'il permettait, Giacometti cherchait sans doute à lever certaines des inhibitions qui le paralysaient. Mais c'est dans le contact avec le réel que ces blocages avaient à céder. Aussi revient-il au portrait pour ne s'en plus détourner, mais aussi pour incessamment y dire son échec. Ainsi dans la sculpture, lorsque Giacometti, pendant une période assez longue, ne parvient qu'à enlever de la matière, jusqu'à ce qu'il ne reste plus qu'une minuscule figure, fragile, au bord de la rupture : figures qui sont pour lui celles d'une incapacité, mais qui seront reçues comme des œuvres majeures. Ainsi plus tard dans le dessin, gommé sans cesse, repris, abandonné, mais duquel s'échappe la vérité recherchée. Ce qui apparaît alors caractéristique de la poétique de Giacometti, telle que Bonnefoy l'envisage, c'est bien l'ambivalence, au même titre qu'on avait pu la voir se développer chez Rimbaud. Giacometti est l'exemple d'un artiste qui a toujours cherché, dans des voies très diverses, aussi bien du point de vue des supports — il a été peintre autant que sculpteur, et peut-être davantage encore, dessinateur — que des styles — surréaliste et réaliste —, à saisir la vérité de l'être. Bonnefoy commente longuement cette phrase de Giacometti, « C'est comme si je ne savais pas ce que je désirais voir », parce que cette vérité, cette présence, ne peuvent être l'objet d'un savoir, qui n'en serait que la réduction, mais seulement celui d'un désir.

Et Bonnefoy de conclure :

> Je veux, laisse entendre un artiste de notre temps, représenter la présence, donner figure à l'instant, ne faire qu'un seul grand acte de vie de l'Image et de l'Être, ces deux termes incompatibles, parce que désirer cela, désirer voir comme cela, c'est l'absurdité par quoi, depuis le début, nous sommes l'humanité, par quoi seulement nous pouvons continuer à l'être. Il est heureux que cette parole en effet insensée ait été sinon prononcée, du moins vécue, en une heure encore de notre siècle. Ce qui ne peut fonder sur quoi que ce soit est certes la seule pierre sur quoi fonder est possible[1].

Comment ne pas rapprocher cette phrase de celle que nous citions sur Rimbaud, comment ne pas y voir aussi la présence surprenante d'un « nous », comment ne pas y noter encore cette inquiétude de l'échec possible ? Mais pourtant il s'agit maintenant de fonder, et sur une incompatibilité énoncée, radicale, et qui semble paradoxalement par là même la « pierre sur quoi fonder ». On le comprend mieux, c'est bien le paradoxe, l'ambivalence, qui paraissent à Bonnefoy les fondements possibles d'une poétique. Faire confiance au langage, pour Rimbaud, ou à l'image, pour Giacometti, afin de saisir le réel, ç'aurait été naïveté, puisque la césure entre les modes d'appréhension du réel et le réel lui-même est radicale. Mais renoncer au réel pour s'enfermer dans la perfection d'une forme, langagière comme l'a fait Mallarmé, ou picturale, ce serait abandonner la vie même au profit d'un leurre. De même donc que Rimbaud avait pu apparaître comme un modèle pour Bonnefoy, on voit que Giacometti remplit une fonction identique. La « biographie d'une œuvre » qui lui est consacrée est aussi bien une autobiographie, et un portrait du poète. Ni poète en peintre, ni poète en sculpteur, mais poète en dessinateur, en *disegnatore*, « pour employer un mot qui garde lisible ce que le nôtre a perdu, l'idée que *dessiner*, une forme, un

---

1. *Dessin, couleur et lumière*, p. 287.

contour, c'est *désigner*[1]. » Et telle paraît bien l'entreprise que s'est fixée Bonnefoy, ni peindre ni sculpter pour s'en tenir aux images trompeuses, mais désigner, c'est-à-dire à la fois donner à voir, montrer simplement, et dé-signer, c'est-à-dire défaire les filtres que nos signes ont posé sur les choses. Se défaire du signe, s'écarter de ce que le signe comporte toujours de concept, pour parvenir à la chose même : à travers Giacometti ici, ou Rimbaud là, le programme de Bonnefoy n'est guère éloigné de celui de la phénoménologie*, et du maître-mot de Husserl, revenir « à la chose même ». Mais Rimbaud a renoncé en chemin, et s'il a accompagné longtemps le chemin de Bonnefoy, c'est jusqu'à ce renoncement, que Bonnefoy pour sa part a su dépasser. Giacometti permet donc à Bonnefoy de mener plus loin cette réflexion, en posant le paradoxe de façon tout aussi cruciale, mais en assumant ce paradoxe sans pour autant pouvoir le lever :

> *À rechercher comme il l'avait fait si souvent dans ses portraits un rapport de pure et pleine réciprocité aimante avec quelques proches, Giacometti n'avait sans doute pas réussi à délivrer ceux-ci de la mort, toutefois il avait réinventé l'amour, comme Rimbaud mais en vain l'avait demandé à la poésie*[2].

Giacometti a accepté ce qui peut apparaître comme une incohérence et a vécu dans ce déchirement, quand Rimbaud n'a pu le faire, préférant dans la fuite et le silence une unité factice de son être à sa césure insupportable.

■ Shakespeare

Or ces problèmes, Bonnefoy considère que Shakespeare, à l'aube de la modernité, a déjà su les poser, et sans doute se les poser, bien que dans des termes différents, marqués par le contexte spécifique de la Renaissance. À cet égard, Shakespeare, peut-être plus que tout autre, semble être une source de l'œuvre de Bonnefoy, et un père spirituel. Avant d'examiner l'interprétation qu'en donne Bonnefoy, rappelons-nous d'abord que la fréquentation de l'œuvre de Shakespeare est ininterrompue, depuis la première traduction, celle de *Jules*

---

1. *Giacometti, biographie d'une œuvre*, p. 463.
2. *Remarques sur le regard*, p. 64.

César en 1960, à la plus récente, celle de *Comme il vous plaira* en 2003 ; et que nombre de ces traductions ont été accompagnées de préfaces ou d'introductions, la plupart regroupées dans *Shakespeare et Yeats* en 1998, dans *La Communauté des traducteurs* en 2000 puis dans *Sous l'horizon du langage* en 2002. Nous l'avons dit, de même que l'œuvre poétique et l'œuvre critique se sont entrecroisées et nourries mutuellement, l'œuvre de traduction a accompagné ce parcours. Certes, elle est *a priori* d'un autre ordre, puisqu'il ne s'agit pas là d'une création d'Yves Bonnefoy mais seulement d'une traduction. Deux points néanmoins nous paraissent devoir retenir l'attention : ce travail de traduction a été accompagné d'un important travail critique, qui mérite donc examen, ni plus ni moins que les travaux consacrés à Baudelaire, à Rimbaud ou à Louis-René des Forêts ; mais ce travail, contrairement aux autres, a engagé la langue, a nécessité des choix de langue[1], et l'on peut légitimement imaginer que ces choix ont modifié la pratique même de la langue d'Yves Bonnefoy. Il ne s'agit donc plus seulement d'un auteur sur lequel Bonnefoy aurait écrit, mais d'un auteur *par lequel* Bonnefoy a écrit. Et l'interprétation qu'il donne de nombreuses pièces est tout à fait éclairante. Que lit-il au cœur de Shakespeare sinon la même ambivalence que nous avons relevée chez Rimbaud et chez Giacometti ? Roméo par exemple est interprété en regard de Macbeth. Paradoxe surprenant qui rapproche ce personnage déchiré par la haine de deux familles, et le cruel Macbeth, assassin tyrannique mené par des sorcières. Mais Bonnefoy voit en Roméo l'oubli du réel et de la présence, et singulièrement l'oubli de la réalité de Juliette, au profit d'un idéal qui mène les amoureux à la mort, quand Macbeth, plus humain en quelque sorte, est pris dans ses propres terreurs, et finalement moins coupable que Roméo, en cela que son ambition comme sa terreur sont irréductiblement humaines. Même interprétation paradoxale qui rapproche Brutus et Hamlet, et montre comment le premier n'a pas encore la conscience moderne du second : l'assassinat de César est commis au nom de l'idéal, et au

---

1. À l'évidence, les textes critiques de Bonnefoy sont très écrits, et relèvent aussi, en partie, de choix de langue. Mais il n'est guère besoin d'expliquer en quoi ces choix ne sont pas de même nature.

mépris de l'amour filial comme de la réalité politique. Et cette motivation idéale ne peut évidemment que peut mener à l'échec. Dans l'abandon progressif du théocentrisme* qui se joue à la Renaissance, Bonnefoy lit chez Shakespeare l'émergence du soupçon éminemment moderne de la présence comme acceptation de la finitude. C'est toute l'hésitation qu'il montre dans le choix entre *readiness* et *ripeness*[1] : « *Ripeness, readiness...* Deux attitudes irréductibles par conséquent. L'une, la quintessence de l'ordre du monde, son unité comme respirée ; l'autre le revers de cet ordre, quand on n'en voit plus dans la grisaille des jours que la trame incompréhensible[2] ». *Ripeness*, c'est l'harmonie d'un monde que garantit la présence indubitable de Dieu ; *readiness*, c'est le désarroi devant une réalité que plus rien n'explique, et qui pourtant *est*. Sans doute peut-on trouver là une définition de la présence : ce qui est, en dehors même de la question du sens. Cette opposition va mener Bonnefoy à une curieuse inversion. La pièce dont il considère qu'elle donne la dernière version, la plus aboutie, de la pensée de Shakespeare, est *Le Conte d'hiver* ; mais la dernière pièce de Shakespeare est probablement *La Tempête*[3], et il faut comprendre ce nouveau paradoxe. Le personnage principal de *La Tempête*, Prospéro, est un mage qui entend réordonner le monde à sa manière, en utilisant ses pouvoirs. Ce faisant, c'est aux pouvoirs de l'occultisme que Shakespeare donnerait sa dernière parole, en contradiction avec tout ce que Bonnefoy entend en particulier dans *Le Conte d'hiver* : le personnage de Perdita, dans son amour pour Florizel, lui semble en effet faire émerger la valeur ontologiquement* fondatrice de l'amour. Dès lors, toute l'interprétation que donne Bonnefoy de *La Tempête* a pour objet de comprendre comment ce retour à la pensée magique ne doit pas être compris comme tel, mais peut être dépassé pour lever la contradiction apparente avec *Le Conte d'hiver*. « C'est donc de cette façon qu'à mon sens il faut lire, au plus

---

1. « *Readiness, ripeness* : Hamlet, Lear », *Shakespeare et Yeats*, pp. 69-86. « *The readiness is all* », « l'essentiel, c'est d'être prêt » (*Hamlet*) et « *Ripeness is all* », « l'essentiel, c'est notre maturation » (*Le Roi Lear*).
2. *Shakespeare et Yeats*, p. 84.
3. La vie de Shakespeare comme la chronologie de ses œuvres sont très mal connues ; néanmoins, la plupart des spécialistes s'accordent à considérer que *La Tempête* est bien sa dernière pièce.

intérieur, *La Tempête* : comme le projet d'un témoin de la société, Shakespeare, qui se réclame d'une pensée, d'une ontologie*, de valeurs qui sont tout autres que celles des adeptes de la philosophie occulte, des mages ; et, peut-être impressionné par cette pensée adverse, désire en examiner la prétention propre en faisant ce qu'un dramaturge peut faire — en faisant la seule chose qu'il puisse : mettre en scène un de ses représentants et revivre en lui donnant la parole, revivre par le dedans, l'expérience de celui-ci pour en explorer les limites[1]. » À des niveaux divers, par conséquent, l'ambiguïté est placée au centre de la pensée de Shakespeare, comme elle l'était déjà chez Rimbaud ou Giacometti. Mais Shakespeare aurait ici un dernier mot auquel Rimbaud n'a pas su aboutir, et que Giacometti a vécu sans pouvoir l'énoncer. À ce titre, il est probablement, dans la façon dont Bonnefoy le lit, l'auteur dont il se sent le plus proche.

Aussi faut-il s'interroger sur l'influence du dramaturge sur le poète, non plus seulement dans leur approche ontologique* du monde, mais dans leur langue même. Nous ne ferons pas ici la démonstration que la langue de Shakespeare, et l'œuvre de traduction à laquelle Bonnefoy s'est livré, ont marqué sa pratique poétique : ce travail reste à faire, et serait sans doute intéressant à plus d'un titre. En revanche, on peut faire d'ores et déjà deux constats. D'une part, la question du théâtre hante l'œuvre de Bonnefoy, comme nous l'avions signalé, depuis les premiers textes jusqu'aux derniers. Bonnefoy voit-il là un mode d'approche auquel n'avait pas accès son écriture poétique ? Il nous semble que la question des voix répond en partie à cette question. Leur utilisation plurielle, en particulier dans le dernier texte, *Le Désordre*, relève d'une poésie théâtralisée, qui permettrait l'expression d'un Prospéro, comme celle bien sûr d'une Perdita. D'autre part, du point de vue de la langue, il est certain que la pratique même de la traduction consiste à s'approprier une langue, à faire sienne la

---

1. *Shakespeare et Yeats*, p. 155. Cette interprétation de Bonnefoy entre en contradiction avec celle de la plupart des spécialistes de l'œuvre de Shakespeare, comme Bonnefoy lui-même le fait remarquer. Mais notre objet n'est pas de discuter de sa validité — problème de shakespeariens — mais de son intérêt *par rapport* à l'œuvre de Bonnefoy.

langue de l'autre comme à faire autre sa propre langue. À cet égard, la pratique courante de Bonnefoy qui consiste à intégrer dans son œuvre poétique des citations d'autres poètes[1] montre bien cette forme d'appropriation. Là aussi, cela mériterait une étude plus approfondie, qui montrerait par exemple le rôle du couple « Beauté et vérité » dans *Les Planches courbes*[2].

Du moins paraît-il clair que le travail critique et de traduction de Bonnefoy a nourri son œuvre poétique en profondeur. Tant sur Rimbaud, Giacometti ou Shakespeare, sur lesquels nous nous sommes arrêtés, que sur les autres écrivains ou artistes sur lesquels s'est penché Bonnefoy, les Poussin, Baudelaire, Yeats, mais aussi Elsheimer[3], Nerval ou Keats, de semblables analyses pourraient être menées. En cela, l'œuvre de Bonnefoy effectue une remarquable synthèse de laquelle ne sont bien sûr pas absents ses contemporains, qu'il s'agisse d'Aléchinsky[4] ou de Titus-Carmel[5], en peinture, de Des Forêts[6] ou de Celan[7], en poésie. On pourra bien sûr lui reprocher de lire ces auteurs ou ces peintres à l'aune de sa propre théorie, de les plier en quelque sorte à son œuvre, mais ce serait méconnaître, d'une part, qu'il n'est pas de critique objective et que toute grande œuvre critique effectue ce même geste, et d'autre part, que c'est là le propre d'un poète lisant, comme Baudelaire avant lui l'avait fait.

---

1. Relevons par exemple les citations de Shakespeare dans *Dans le leurre du seuil*, p. 301, ou de Keats dans *Les Planches courbes*, p. 93.
2. Voir l'article de Jean Starobinski, « Beauté et vérité », dans « Yves Bonnefoy et l'Europe du XXe siècle », Presses universitaires de Strasbourg, 2003, pp. 81-95.
3. De même que nous notions l'importance de Keats pour l'étude des *Planches courbes*, il faut souligner celle du tableau d'Elsheimer, « la dérision de Cérès » : voir « Elsheimer et les siens », *Le Nuage rouge*, pp. 95-105, « Une *Cérès à la nuit* d'Adam Elsheimer », *Dessin, couleur et lumière*, pp. 79-88.
4. *Aléchinsky, les Traversées*, Fata Morgana, 1992.
5. *Feuillées*, Le Temps qu'il fait, 2004.
6. « Une écriture de notre temps », *La Vérité de parole*, pp. 115-259.
7. « Paul Celan », *Le Nuage rouge*, pp. 303-309.

Approches thématiques

I. La notion de présence et ses formes

■ La présence et le concept

Dès ses premiers textes, et son adhésion au surréalisme, mais aussi par la suite et quelque évolution qu'ait connu son œuvre, le rejet du concept semble être une donnée fondamentale de la poétique et du rapport au monde d'Yves Bonnefoy. Pourquoi un tel rejet, que ce soit sous la forme de la condamnation des Idées platoniciennes, de la « Notion pure » mallarméenne, ou même de l'« Idéal » baudelairien ? Parce que le concept apparaît à Bonnefoy comme une césure d'avec le monde. Bien sûr, dans un premier temps, il a pour fonction de saisir le monde et de tenter de se dégager de la gangue des apparences, des particularités ou des exceptions, pour parvenir à l'unité de l'être. Mais ce faisant, il tente une percée vers ce qui serait une vérité intemporelle, et en niant le temps et la finitude, il finit par nier la vie elle-même. Il y a là un paradoxe qu'il faut bien comprendre : c'est parce que le concept nie la mort au profit d'une intemporalité de l'Idée, ou de l'Être, qu'il nie la vie, dans la mesure où, pour Bonnefoy, la vie ne peut être conçue autrement que dans sa finitude, c'est-à-dire dans une acceptation de la mort. Dès lors, la saisie du monde à laquelle prétend le concept est mensongère, et davantage que de saisir le monde ou le réel, elle opère d'avec lui une césure, et en manque l'essentiel. Un renversement fondamental est ainsi opéré : ce n'est plus l'apparaître qui est mensonger, et qui serait une oblitération de l'être, comme tout le discours de la métaphysique l'a dit depuis Platon ; c'est même exactement l'inverse, l'être devenant une essentialisation abstraite, et dès lors mensongère, des apparences, dans lesquelles se donne la présence. À ce premier stade, qui peut apparaître comme un paradoxe à quiconque a été formé par les concepts de la métaphysique, s'en ajoute un second. Dans les écrits théoriques de Bonnefoy, parfois aussi de façon plus allusive dans sa poésie, un certain nombre de concepts sont utilisés : comment en serait-il autrement dès lors que c'est l'histoire des idées et des formes qui est le sujet de la réflexion du poète, comment en serait-il autrement dès lors que sa réflexion prend bien souvent une tournure philosophique ? Mais se pose alors le problème de concilier à la fois le rejet et l'emploi des concepts, ou d'utiliser le concept pour le rejeter. C'est là l'ambiguïté de la démarche théorique d'Yves Bonnefoy, qu'on ne peut lever qu'à condition de soumettre définitivement sa théorie à sa pratique, c'est-à-dire de considérer que le rejet du concept et la quête de la présence sont le domaine de la poésie, et que le travail théorique n'en est qu'une explicitation, de laquelle la présence est nécessairement absente. Reste que cette ambiguïté, sur laquelle toute l'œuvre ultérieure va se bâtir, est à la source des questions et des doutes à laquelle elle sera ensuite confrontée, quant à son rapport à la métaphysique : la théorie de la présence n'est-elle pas qu'une reconduction de la métaphysique qu'elle prétend dénoncer, et, sous prétexte d'écarter le concept, ne permet-elle pas de faire revenir une transcendance* plus floue ?

Avant d'essayer de répondre à ces questions, il faut examiner comment la présence elle-même est définie dans l'œuvre. On pourrait évidemment tenter là de relever tous les textes dans lesquels Bonnefoy parle de la présence, mais l'exercice, outre qu'il serait fastidieux, ne nous permettrait guère d'avancer. La présence, on le comprend bien, n'est pas un concept : c'est dire qu'elle n'est nulle part définie, au sens habituel de ce terme, mais davantage évoquée. « La présence est ce qu'on décide. Qu'elle est un rêve, bien sûr, de tout le poids de notre univers de matière ; mais que si l'on se lève et l'on va vers elle, eh bien

Approches thématiques

elle se lève elle-même et vient vers nous[1]. » Elle ne peut alors être qu'allégorisée ou métaphorisée, et l'une de ses plus belles évocations se trouve dans la dédicace de *L'Improbable* :

> « *Je dédie ce livre à l'improbable, c'est-à-dire à ce qui est.*
> *À un esprit de veille. Aux théologies négatives. À une poésie désirée, de pluies, d'attente et de vent.*
> *À un grand réalisme, qui aggrave au lieu de résoudre, qui désigne l'obscur, qui tienne les clartés pour nuées toujours déchirables. Qui ait souci d'une haute et impraticable clarté*[2]. »

Toutes les notions qui permettent de cerner la présence sont réunies là. L'Être d'abord : la présence est ce qui « est », non pas au sens d'un fait indubitable, mais de « l'improbable », c'est-à-dire d'un choix de l'être. « L'être est ce qu'on décide qui sera[3] ». La présence relève par conséquent du désir. Mais simultanément, elle est bien sûr réelle, et non conceptuelle ou abstraite. Dès lors, elle se tient dans l'ambiguïté, entre obscurité et « clarté », entre « veille » et rêve, entre désignation et métaphore. Le chemin vers cette « haute et impraticable clarté » est néanmoins possible.

Il faut d'abord comprendre, dans l'approche de la présence, le rôle du conscient et de l'inconscient, et partant, celui de la veille et du rêve. Yves Bonnefoy a retenu, plus qu'une autre, cette leçon du surréalisme : l'inconscient donne accès à un degré de réalité que méconnaît la conscience. Tenter de saisir consciemment la présence, c'est céder immédiatement à sa schématisation, et c'est bien vite la transformer en concept. Il est donc nécessaire de court-circuiter la conscience, entendue comme conscience conceptuelle, pour parvenir à la saisie de la présence. Mais le rêve n'est pas la panacée qu'a voulue Breton : il enferme dans le mystère et l'obscurité, sans voie d'accès à une clarté à venir.

---

1. *Le Nuage rouge*, p. 72.
2. *L'Improbable*, p. 9.
3. « Le siècle où la parole a été victime », « Yves Bonnefoy et l'Europe du XXe siècle », Presses universitaires de Strasbourg, 2003, p. 483. Cette idée que l'être n'*est* pas, au sens où l'existentialisme l'entend, mais relève d'un choix, d'une décision, est en partie inspirée par la lecture de Chestov.

Dès lors, il est nécessaire de recourir à l'« esprit de veille », c'est-à-dire de réinterpréter le rêve en tentant de ne pas en fausser l'intuition. Leurre, illusion, fausse-piste et détour... On voit bien que le chemin choisi est plein d'embûches, et qu'il nécessite par conséquent des hésitations, des retours en arrière, et à tout le moins, l'acceptation de l'ambiguïté et d'une apparente incohérence. Le paradoxe et l'ambiguïté sont alors placés au cœur de l'œuvre, non qu'il s'agisse volontairement d'en obscurcir les accès en recourant à non ne sait quel hermétisme, mais parce que le passage entre la présence et le concept se fait sur cette mince crête, en équilibre toujours instable entre une métaphorisation excessive, qui perdrait de vue le réel, la vie même, et une conceptualisation abstraite qui aboutirait au même résultat. C'est ainsi qu'on ne s'étonnera guère de voir placée l'ambiguïté comme phare des grandes œuvres lues, on l'a vu avec Rimbaud, Giacometti et plus encore Shakespeare, et qu'on ne s'étonnera pas davantage, sur un autre plan, de l'équilibre permanent entre la trame poétique et la trame théorique de l'œuvre, l'une tentant de saisir ce que l'autre essaie de dire, ou inversement.

Le procès qui est fait à Bonnefoy est-il alors légitime ? Rappelons-en les termes : si la notion de présence est si floue, c'est qu'elle permet de cacher le retour de la métaphysique. Il conviendrait simplement de la lire comme une transcendance* inavouée, et de considérer alors l'exclusion du concept comme un mode de sa dissimulation. Ontologiquement*, elle permettrait, peut-être même à son insu, d'aboutir au résultat inverse de ce qui est explicitement cherché, à savoir l'acceptation de la finitude. Les analyses de Jacques Derrida — qui ne portent pas sur Bonnefoy, mais pourraient s'y appliquer — sont troublantes :

> *Il n'y a et il n'y aura jamais que du présent. L'être est présence ou modification de présence [...] Penser la présence comme forme universelle de la vie transcendantale, c'est m'ouvrir au savoir qu'en mon absence, au-delà de mon existence empirique, avant ma naissance et après ma mort, le présent est. Je peux faire le vide de tout contenu empirique, imaginer un bouleversement absolu du contenu de toute expérience possible, une transformation radicale du monde : la forme universelle de la présence, j'en ai une certitude étrange et unique puisqu'elle ne*

concerne aucun étant déterminé, n'en sera pas affectée. C'est donc le rapport à ma mort (à ma disparition en général) qui se cache dans cette détermination de l'être comme présence, idéalité, possibilité absolue de répétition. La possibilité du signe est ce rapport à la mort. La détermination et l'effacement du signe dans la métaphysique sont la dissimulation de ce rapport à la mort qui produisait pourtant la signification[1].

Qu'est-ce à dire ? Que la présence, parce qu'elle est irréductiblement fondée sur le présent comme premier mode d'appréhension de notre être, mène à la possibilité de la reconduction infinie de ce présent, et finit alors par nier le temps, et la mort. Penser le présent, ce serait paradoxalement nier le temps, et sortir alors de la finitude. Peut-on reconnaître là la théorie de Bonnefoy sur la présence ? Il nous semble qu'en plusieurs points, les choses sont à la fois plus complexes et plus simples. Plus simples, parce que Bonnefoy assume explicitement son ambiguïté, nous l'avons dit, et ne se cache aucunement de désirer l'infini, ou la beauté, ou l'idéalité. Le reproche du retour de la métaphysique n'aurait de sens que si ce retour était caché : il ne l'est aucunement. Comme chez Baudelaire, il y a une évidente tentation de l'idéal, tout en sachant intimement que la beauté n'est qu'« un rêve de pierre ». Que la présence accueille donc en son sein le rêve de la beauté parfaite, Bonnefoy ne s'en défend pas. Mais les choses sont aussi plus complexes. C'est moins chez Bonnefoy la présence qui est fondée sur le présent, que l'inverse. Le présent n'est plein qu'en cela qu'il permet un retour de la présence, par le biais du rêve devenu conscient, ou de la remémoration. Paradoxalement, la présence relève davantage du souvenir que du présent. N'entendons pas qu'elle soit du passé : le souvenir n'est pas le passé, il est une lecture du passé. La présence serait alors, très proustienne en cela, cette remémoration du passé dans le présent, cet affleurement qui donne soudain sens, et elle permettrait de distinguer entre des degrés de plénitude dans le présent.

---

1. Jacques Derrida, *La Voix et le Phénomène*, PUF, 1967, « Quadrige », 2003, p. 60. L'analyse porte sur « le problème du signe dans la phénoménologie de Husserl », et ce qui est énoncé dans la citation que nous faisons serait la conséquence de ce que pense Husserl, selon Derrida.

Reste bien sûr que ce débat avec la phénoménologie* n'est pas clos, et que par bien des égards, Bonnefoy lui-même s'en sent proche, même s'il considère que les pensées de Sartre ou de Heidegger ont oublié la présence pour un Être abstrait et conceptuel. Il serait certainement intéressant de creuser les rapports qui unissent Bonnefoy avec la phénoménologie française, et en particulier avec les travaux de Merleau-Ponty et de Lévinas. Notons aussi, avant de clore ce chapitre, que Bonnefoy s'est exprimé à plusieurs reprises en ce qui concerne le déconstructionnisme*, et que s'il entend bien son importance dans l'histoire des idées et de la connaissance, il n'en reste pas moins dubitatif quant à sa capacité à faire qu'il y ait de l'être et du sens. Cette constitution du sens lui paraît primordiale, au sens plein, vitale, et il considère entreprendre un pan fondamental de ce travail, faire qu'il y ait « quelque sens encore à dire *Je*[1]. » Dès lors, ce que d'aucuns continueront de considérer comme une réduction phénoménologique qui n'est en rien une exclusion du concept[2] apparaît à Bonnefoy comme l'immanence du simple : la manifestation première du réel, dans sa simplicité comme offerte, l'apparition de l'être qui se donne.

■ L'immanence* du simple et ses motifs

Comment alors exprimer cette présence, quelle en est la traduction poétique, si l'on peut s'exprimer ainsi ? Nous allons tenter de l'aborder par deux biais : celui des motifs par lesquels cette immanence* du simple se manifeste — et nous approfondirons l'un d'entre eux, la pierre ; et celui des formes poétiques choisies. Précisons d'abord la notion de simple[3], en relevant immédiatement, avec Michèle Finck, la réserve émise par Philippe Jaccottet : « C'est le tout à fait simple qui est impossible à dire. Et pourtant je le vois et je le sens, il n'est

---

1. *La Présence et l'Image*, p. 22.
2. Bien au contraire, puisque la « réduction » est l'un des concepts fondamentaux de la phénoménologie.
3. Notion centrale chez Bonnefoy, que l'on pourrait caractériser comme la manifestation première de la présence. À cet égard, voir le livre de Michèle Finck déjà cité, *Yves Bonnefoy, le simple et le sens*, Corti, 1989.

pas de pensée, si puissante, si meurtrière soit-elle, qui m'en ait pu disjoindre jusqu'ici[1]. » Le simple relève donc de l'immédiat, il est perçu par nos sens, vu et senti, et est comme antérieur à toute pensée. En cela, il est aussi le plus ordinaire, le plus commun, ce qui ne retient pas notre attention parce qu'incessamment sous nos yeux. Dès lors, il est aussi ce qui nous échappe, ce que le langage ne parvient pas à dire. Aussi le trouvera-t-on dans des motifs de plusieurs ordres, que nous pouvons classer en quelques catégories.

Le simple, ce sont d'abord les quatre éléments, si présents dans la poésie de Bonnefoy : l'eau, l'air, la terre, le feu. Sans en faire une analyse approfondie, et pour nous en tenir aux seuls titres des sections des différents recueils, on peut rapidement relever la présence de l'eau aussi bien dans la figure de Douve — au sens des douves d'un château — que dans les sections « Le fleuve » ou « Deux barques » de *Dans le leurre du seuil*, ou les sections « La pluie d'été » et « Les planches courbes » des *Planches courbes*. Plus généralement, l'eau parcourt aussi bien toutes les images de fleuve et de barque, que celles de pluie ou de neige. L'air est présent dans « Les nuées » de *Dans le leurre du seuil*, et dans « De vent et de fumée », dans *La Vie errante*. On remarquera bien sûr que les « nuées » ou le « nuage » permettent de confondre l'air et l'eau, voire le feu si le nuage est « rouge ». Feu que l'on trouvera quant à lui dans « Un feu va devant nous » dans *Pierre écrite*, dans « Les Flambeaux » dans *Début et fin de la neige*, et de nouveau « De vent et de fumée » dans *La Vie errante*. Enfin, la terre apparaît explicitement dans « À une terre d'aube » dans *Hier régnant désert*, et dans « La terre » dans *Dans le leurre du seuil*. Faire un relevé exhaustif de sa présence, quand elle est mélangée dans la boue du fleuve, minéralisée dans les pierres ou transportée par le vent, serait bien inutile. Ces catégories du simple ont une présence partout diffuse, ce qui les rend simultanément omniprésentes et insaisissables.

---

1. Philippe Jaccottet, *Paysages avec figures absentes*, Gallimard, 1976, p. 54, cité par M. Finck, *op. cit.*, pp. 9-10.

Le simple, ce sont ensuite les objets et le lexique ordinaires du vécu, parfois dans leur plus grande trivialité. Une étude très précise[1] a été faite du lexique des *Poèmes*. Les dix substantifs les plus fréquents, sans tenir compte des dérivés, sont les suivants : nuit, eau, feu, pierre, lumière, mort, main, terre, jour et arbre. On y voit la place prépondérante des éléments, mais aussi du jour et de la nuit. Si cette étude était étendue aux recueils plus récents, nul doute qu'à peu de choses près, elle confirmerait cette liste. Et cette simplicité est encore accrue par la présence de mots de la vie la plus ordinaire, comme l'éponge ou la pioche, la pelle ou la télévision. Dans le plus récent recueil, une analyse identique peut ainsi être menée : la table et le buffet avoisinent avec le goudron ou la colle. Sans doute le mot rêve, qui n'apparaissait qu'en vingt-huitième position dans le relevé des *Poèmes*, serait-il maintenant plus fréquent, mais on peut facilement extrapoler à partir de cette étude, et conclure à un emploi choisi du lexique, afin de saisir le réel dans sa plus grande simplicité. Certes, Yves Bonnefoy n'hésite pas à employer aussi des mots plus complexes, et surtout à faire usage de références mythologiques parfois rares : Marsyas, dans *Les Planches courbes*, n'est pas une référence aussi facilement lisible qu'Hélène, dans *La Vie errante*. Mais il s'agit toujours pour lui d'inscrire l'expérience dont le poème tente de rendre compte dans une dimension plus vaste : si la simplicité est une forme d'universalisation, nul doute que la mythologie en soit une autre. L'une comme l'autre ne sont là que des moyens en vue d'une fin, celle de saisir la présence, plus encore, celle d'essayer de la transmettre par la parole.

Le simple, c'est encore l'évocation de l'enfance. Celle-ci prend trois formes principales : la forme mythologique, dans laquelle se confondent Moïse sauvé des eaux[2] et Jésus sauveur ; la forme biographique, avec des allusions parfois assez précises ; et une forme davantage narrativisée, dans laquelle le ou les enfants sont moins clairement identifiés. Si l'enfant est le simple, c'est d'abord parce que son rapport au monde est immédiat, et que la médiation par le langage est seconde. L'enfant est d'abord *infans*, il ne parle pas, il ne connaît pas

---

1. Jérôme Thélot, *op. cit.*, pp. 141-144.
2. Il s'agit à la fois de la figure biblique et d'une référence à un tableau de Poussin.

Approches thématiques

les mots qui séparent, tel cet enfant de la section « Les Planches courbes » qui ne connaît pas la signification des mots « père », « mère » ou « maison ». Et le récit mène d'ailleurs à l'abandon des mots — retour à l'enfance ? — puisque le géant conclut : « Il faut oublier les mots[1]. » Cette immédiateté du rapport au monde a une double conséquence. L'enfant est celui qui peut sauver du langage, du langage mauvais, du langage séparateur et conceptuel, et tout enfant est alors « Dieu enfant et à naître encore[2] ». Mais cet enfant sauveur est aussi un enfant à sauver, un enfant auquel il faut apprendre le monde, et qui renvoie alors l'adulte à ses responsabilités : éduquer un enfant, est-ce lui faire perdre irrémédiablement cette immédiateté, est-ce le jeter nécessairement dans la séparation d'avec le monde ? On comprend mieux, dans cette perspective, l'attention particulière que Bonnefoy a porté aux mères[3], qu'il s'agisse de celles de Rimbaud ou de Giacometti, ou de la sienne propre ; et l'attention aussi portée à la langue maternelle, ce dialecte italien pour Giacometti, ou ce patois du Lot que le petit Yves entendait parler chez lui. Ces langues sont des langues de l'origine, langues simples s'il en est, langues d'un rapport immédiat mais perdu au monde. Tout l'enjeu sera donc de retrouver cette simplicité de l'enfance, parce qu'en elle se donnait de façon non problématique la présence rêvée.

Et à cet égard, l'inscription de la parole dans la pierre semble l'une des solutions envisagées. Elle permet à la fois la fusion du verbe et de la matérialité, c'est-à-dire de réduire cet écart pourtant irréductible entre le langage et le réel, et la transcription comme d'une voix sortant de la terre. Enfin, et ce n'est pas le moindre, elle s'inscrit pleinement dans la finitude, puisqu'il s'agit d'épitaphes. Les poèmes « Une pierre » peuvent donc apparaître comme l'une des modalités du simple. Examinons par exemple celui-ci[4] :

---

1. *Les Planches courbes*, p. 104.
2. *Poèmes*, p. 291.
3. Les mères sont en première ligne, parce que la *langue* est *maternelle*, et que c'est par la langue que s'apprend la séparation.
4. *Les Planches courbes*, p. 23.

> *Une pierre*
>
> *Nos ombres devant nous, sur le chemin,*
> *Avaient couleur, par la grâce de l'herbe,*
> *Elles eurent rebond, contre des pierres.*
>
> *Et des ombres d'oiseaux les effleuraient*
> *En criant, ou bien s'attardaient, là où nos fronts*
> *Se penchaient l'un vers l'autre, se touchant presque*
> *Du fait de mots que nous voulions nous dire.*

La présence s'y donne d'abord dans le simple : le « chemin », « l'herbe », « les pierres ». Le sens n'apparaît que défait, soit que la « couleur », donnée « par la grâce de l'herbe », se finisse durement dans le « rebond, contre des pierres », soit que les « mots que nous voulions dire » restent imprononcés. Nul contact dans ce monde, puisque les « fronts » se touchent « presque », mais sans que leur geste aboutisse, et que ne s'effleurent que des « ombres ». Même les cris ne renvoient ici qu'à « des ombres d'oiseaux ». C'est dire que le concept est absent, et que le poème n'a pas pour objet la construction d'un sens, mais bien celle d'une présence, dans la saisie du simple du monde : la forme de l'ombre, colorée par l'herbe ou cassée sur l'angle de la pierre ; le mouvement des ombres d'oiseaux, desquelles semblent émaner les cris si l'on ne lève pas la tête ; et ces mots indicibles sont ceux-là mêmes qui désignent la présence, ces mots qui relèvent davantage du désir — mots du geste de se pencher, mots du toucher — et du mouvement de « l'un vers l'autre », que d'une réalité tangible. Dès lors, le poème n'affirme pas l'unité du monde et des êtres — il n'y a pas de contact — mais seulement l'espoir de ce mouvement, le désir de l'altérité, l'émotion de cette présence rêvée. Il est évident que cette analyse particulière ne peut s'appliquer à tous les poèmes titrés « Une pierre ». Néanmoins, le fonctionnement y est le plus souvent du même ordre : le langage et le sens y sont mis à mal, par le biais d'une violence parfois beaucoup plus franche, qui entame aussi bien les corps que le monde, au profit de l'évocation du plus simple, voire du plus brutal. La violence sert ici à se défaire des conventions, pour retrouver une brutalité primitive, c'est-à-dire d'abord originelle, première. Ce travail du négatif effectué, il devient alors possible de faire éclore dans le désastre la présence souhaitée, ou du moins le désir de cette présence, qui ne cède pas à l'illusion qu'elle serait réelle. D'un recueil à un autre toutefois, il serait possible de noter une évolution, qui va vers plus d'apaisement : si *Pierre écrite* est encore marquée par la violence et l'âpreté qui caractérisaient *Du mouvement et de l'immobilité de Douve* ou *Hier régnant désert*, les recueils suivants, sans faire l'économie de cette phase nécessaire, lui accordent néanmoins une place moins importante.

■ Poétique du simple

L'examen des motifs du simple serait incomplet s'il n'était accompagné par une étude plus précise de sa poétique, en particulier dans le travail du vers effectué par Yves Bonnefoy[1]. Car vers comme prose participent pleinement, nous allons le voir, d'une poétique du simple. Le parcours des recueils d'Yves Bonnefoy a montré que son approche de la métrique, par rapport à d'autres poètes de sa génération, était relativement classique. Ne nous y trompons cependant pas : ce n'est pas parce qu'Yves Bonnefoy utilise plus que d'autres le vers, qu'il se contente de le prendre comme tel. À cet égard, les interrogations auxquelles il s'est livré[2] en tant que traducteur de Shakespeare sont tout à fait éclairantes, en particulier quant à l'avènement du vers de onze syllabes. Ce qui paraît ici essentiel, c'est d'abord le refus de considérer que le vers est obsolète :

> *La poésie est recherche au cours de laquelle ce que les rythmes ont d'immédiat en nous, de spontané, nous aide à déchirer les représentations de nous-mêmes ou du monde que nos concepts nous proposaient, de façon toujours trop hâtive : mais elle est aussi, dialectiquement, l'infléchissement de ces rythmes, de la prosodie, par le sens*[3].

---

1. Là encore, c'est à l'ouvrage de Jérôme Thélot qu'il convient de se référer ; les études plus récentes n'abordent cette question que de façon partielle, et n'apportent guère d'éléments nouveaux, en ce qui concerne le vers.
2. Nous avons déjà mentionné ce texte, *Shakespeare et Yeats*, p. 206.
3. *Ibid.*, p. 221.

Et Bonnefoy précise ailleurs cette pensée :

> Je crois au vers, c'est vrai ; à la valeur augurale, à la force d'instauration de cet acte que la coupe accomplit quand elle offre à l'esprit — à la fin de ce qui en devient le vers — de se retourner vers les quelques mots qui précèdent pour constater qu'ils ont une sonorité où s'ébauche déjà un rythme. Je suis attaché à cette rétroaction, en fait à cette transmutation, parce que le mot qui laisse entendre qu'il a un son, une matérialité, une existence physique comme en a une le corps dont la voix le parle, permet au corps [...] de rejoindre, d'envelopper, de pénétrer, de réorienter la pensée : le discours des simples concepts en étant aussitôt comme assourdi, un effet qui s'accentuera pour peu qu'on se prête alors et de plus en plus à ce rythme ébauché par quelques phonèmes[1].

Le vers apparaît alors comme la garantie de l'inscription du son dans la parole, de l'inscription du corps dans l'écriture. À ce titre, il est, en lui-même, et quelque emploi qu'on en fasse, un garant de la présence. Mais Bonnefoy ne se leurre pas : avec le vers, c'est l'histoire du vers, et en particulier celle du grand vers français, l'alexandrin, qui ressurgit, et cette histoire infléchit aussi le sens. Aussi n'est-il plus guère possible, naïvement, d'écrire en alexandrin. D'où ce travail de sape, entrepris dès les premiers recueils, qui propose à l'alexandrin des alternatives. Deux voies ont été creusées par Yves Bonnefoy. D'une part, il a largement employé le vers de onze syllabes que nous avons déjà évoqué, et que Jérôme Thélot, à juste titre, n'hésite pas à nommer un « alexandrin boiteux[2] » : l'inscription du manque dans la perfection alexandrine, l'inscription de la finitude. Une variante de ce vers de onze syllabes est évidemment le vers de treize syllabes, qui est cependant plus rare dans l'œuvre. D'autre part, il a employé avec encore plus de fréquence le décasyllabe, qui permet une régularité dans laquelle se donnera à entendre la part corporelle des mots, sans avoir le défaut, si l'on peut dire « historique », de l'alexandrin. Nous disposons d'un décompte

---

1. « Entretien avec Jacques Ravaud », « Yves Bonnefoy », Le Temps qu'il fait, Cahier onze, 1998, p. 83.
2. Jérôme Thélot, op. cit., pp. 33-45. Thélot reprend là une formule inventée par Frédéric Deloffre, dans « Versification traditionnelle et versification libérée d'après un recueil d'Yves Bonnefoy », Le Vers français au XXe siècle, Klincksieck, 1967, pp. 43-55.

très précis des vers dans les *Poèmes*. En pourcentage, nous nous en sommes tenus là aux vers significativement employés[1] :

Nombre de syllabes du vers	Douve	Hier régnant désert	Pierre écrite	Dans le leurre du seuil
4	1,64 %	2,7 %	3,21 %	**15,1 %**
6	6,76 %	4,07 %	**10,84 %**	**18,55 %**
10	**16,6 %**	**21,77 %**	**17,86 %**	**25,14 %**
11	3,68 %	5,49 %	6,11 %	**13,25 %**
12	**59,97 %**	**57,52 %**	**47,33 %**	**10,97 %**

Il est très frappant de constater, d'une part, que le pourcentage d'emploi de l'alexandrin ne cesse de décliner, et de façon plus brutale entre *Pierre écrite* et *Dans le leurre du seuil*. D'autre part, que dans les trois premiers recueils, le second vers le plus employé, comme nous le mentionnions, est le décasyllabe. Enfin, qu'à partir de *Pierre écrite*, et surtout de *Dans le leurre du seuil*, la distribution des vers est beaucoup plus éclatée, notamment en direction des vers courts — l'hexasyllabe dans *Pierre écrite*, auquel s'adjoint le tétrasyllabe dans *Dans le leurre du seuil* — et vers le vers de onze syllabe. Sans entreprendre une analyse aussi précise de la métrique des recueils suivants, on peut toutefois souligner quelques points. La présence des vers courts, soit dans leur alternance au sein d'un poème avec des vers plus longs, soit de façon continue dans un poème, devient plus fréquente à partir de *Début et fin de la neige*. Elle est une caractéristique de plusieurs sections des *Planches courbes*, avec en particulier les alternances 6/4 et 6/5, dont on voit bien que, sous la forme d'un distique de vers courts, ils font écho aux vers de dix et onze syllabes. Par ailleurs, le vers long le plus fréquent, à partir de *Dans le leurre du seuil*, reste le décasyllabe. Or ces deux tendances, à n'en pas douter, participent bien d'une poétique du simple, dans sa forme apaisée. Le décasyllabe résout le problème de l'incarna-

---

[1]. Ce désompte est fait à partir des chiffres fournis par Jérôme Thélot, *op. cit.*, p. 24. Nous avons considéré qu'un emploi était « significatif » quand il excédait 10%.

tion de la parole dans un rythme, en évitant à la fois la grandiloquence de l'alexandrin, et la violence de l'alexandrin boiteux ; et les vers courts permettent une plus grande fluidité de la parole, sans pour autant abandonner le vers.

Reste bien sûr, nous l'avons souligné, qu'à partir de *L'Arrière-pays* ou de *Rue Traversière*, puis au sein même des recueils de poésie, dans *Ce qui fut sans lumière* ou dans *Les Planches courbes*, Bonnefoy utilise la prose. Quel usage en fait-il donc, et cet usage peut-il relever d'une poétique du simple ? Il nous semble qu'une distinction s'impose entre deux usages de la prose, que l'on pourrait caractériser par les deux textes qui suivent[1] :

Les Raisins de Zeuxis

Un sac de toile mouillée dans le caniveau, c'est le tableau de Zeuxis, les raisins, que les oiseaux furieux ont tellement désiré, ont si violemment percé de leurs becs rapaces, que les grappes ont disparu, puis la couleur, puis toute trace d'image en cette heure du crépuscule du monde où ils l'ont traîné sur les dalles.

On me parlait

On me disait, non, ne prends pas, non, ne touche pas, cela brûle. Non, n'essaie pas de toucher, de retenir, cela pèse trop, cela blesse.

On me disait : lis, écris. Et j'essayais, je prenais un mot, mais il se débattait, il gloussait comme une poule effrayée, blessée, dans une cage de paille noire tâchée de vieilles traces de sang.

Le premier texte est marqué par une prose à plusieurs égards complexe. La phrase est longue, constituée par une suite d'anaphores (« Un sac de toile » devient « c'est le tableau », puis « les raisins », avant d'être repris par le pronom relatif « que », et de disparaître enfin dans le « l' » final), dans lesquelles la proposition principale, qui est de forme nominale, se perd, au profit de l'action des « oiseaux », dans « le crépuscule du monde ». La complexité, on le comprend bien, ne relève pas de mots difficiles, de concepts abstraits qui seraient là convoqués, mais de la syntaxe même de la phrase. Et nombre de textes critiques seraient plus nets encore, avec l'emploi fréquent chez Bonnefoy, par exemple, de l'inversion du sujet. Le second texte, en revanche, est d'une grande simpli-

---

1. *La Vie errante*, pp. 57 et 65.

cité. Il se veut d'abord oral, avec la reprise des « non », des impératifs sous forme négative, ou du sujet « cela... » ; cette simplicité est confirmée dans la seconde partie du texte, constituée de phrases verbales sans subordonnées. Le texte se donne d'ailleurs comme un récit d'enfance, avec les interdictions faites à l'enfant pour le protéger (« cela brûle ») ou encore les invitations scolaires (« lis, écris »). À n'en pas douter, cette prose « d'enfance » relève de la poétique du simple. Le problème se pose donc davantage dans l'usage, très fréquent, des phrases complexes, qu'il s'agisse de son usage dans des recueils de poèmes, dans des « récits en rêve » ou dans les travaux critiques. Et si le souci de simplicité n'a pas lieu d'être, ou du moins d'être prééminent, dans les textes critiques, la question se pose pleinement dans les autres. Sans doute faut-il l'aborder à l'aune des poèmes. Si nous avons pu montrer, tant dans les choix lexicaux effectués que dans la pratique du vers, qu'une véritable poétique du simple se mettait en place, il n'en faut pourtant pas conclure que la poésie de Bonnefoy est simple, tout lecteur en conviendra vite. Aussi la prose ne peut-elle être envisagée différemment : la phrase de Bonnefoy est souvent complexe, mais le lexique choisi relève bien du souci du simple, et le choix même d'écrire en prose en rend l'accès — peut-être de façon illusoire, mais c'est là le fait de notre être de langage — plus aisé.

II. Corps et figures

■ Le corps souffrant

Ce que nous avons dit d'un passage nécessaire par le négatif, en commentant « Une pierre », est une constante dans la poésie d'Yves Bonnefoy. Pour renaître à une présence, il faut d'abord « détruire et détruire et détruire[1] », et les images du Phénix, l'oiseau qui renaît de ses cendres, ou de la salamandre, l'animal mythique qui traverse le feu, sont fréquentes dans les premiers recueils.

---

1. *Poèmes*, p. 139.

Cette destruction engage l'ensemble du réel, et notamment les corps. Qu'arrive-t-il à Jean-Basilide, personnage central de *L'Ordalie* ? La fin du récit raconte sa mort de façon très curieuse. Il y a d'abord le mouvement du corps qui défaille : « Sous le couvert du parc, Jean chancela. Une fièvre nouvelle le gagnait, qui l'étouffait, qu'il pressentit définitive[1]. » À la chaleur succède bientôt le froid :

> *Il était temps que Jean pût s'allonger. Ses jambes se dérobaient, et de sa blessure rouverte un sang plus noir, qui traversait le mauvais pansement, coulait presque froid sur son corps [...] Un goût nouveau, ce n'était pas celui du sang, emplissait sa bouche, niait sur ses lèvres la vie, se prolongeait dans ses muscles[2].*

Non seulement le froid s'est substitué à la chaleur, mais le sang même, qui est encore la vie qui coule, se fige, « plus noir », et son goût se dissipe pour un « goût nouveau », qui nie sur les « lèvres la vie ». Cette phase est néanmoins celle qui mène à une renaissance, comme l'adjectif « nouveau » le laissait pressentir :

> *Enfin Jean-Basilide avait tué le silence. Ce vide intérieur qu'il s'effrayait de longer, [...] maintenant il avait disparu comme un fantôme, et les mots purement, profondément se ranimaient. C'était un grand bonheur. Et composé des phrases les plus simples, mais chargées désormais de sens et mêlées aux choses réelles que Jean ne distinguait plus de leur nom[3]...*

La mort qui vient, le corps souffrant, le sang qui coule, autant d'étapes qui permettent l'avènement de la parole, et d'une parole qui réunit trois composantes fondamentales : les phrases sont « les plus simples », garantie d'un accès au « sens » c'est-à-dire « aux choses réelles ». Ce processus, présent au commencement même de l'œuvre, va se retrouver dans les textes suivants. Le corps de Douve, par exemple, est systématiquement l'objet d'un démembrement, comme dans le poème qui suit[4] :

---

1. *Rue Traversière*, p. 191.
2. *Ibid.*, p. 192.
3. *Ibid.*, p. 193.
4. *Poèmes*, p. 52.

Théâtre VIII

La musique saugrenue commence dans les mains, dans les genoux, puis c'est la tête qui craque, la musique s'affirme sous les lèvres, sa certitude pénètre le versant souterrain du visage.

À présent se disloquent les menuiseries faciales. À présent l'on procède à l'arrachement de la vue.

Deux moyens sont ici mis au service de ce démembrement : les verbes d'une part — craquer, pénétrer, se disloquer — qui mènent à la conclusion finale, « l'arrachement de la vue » ; et l'éparpillement du corps dans le texte — « les mains », « les genoux », « la tête », « les lèvres »… On peut par ailleurs noter que la violence — c'est-à-dire ici « la musique saugrenue[1] » — commence par les membres puis remonte vers la tête, avant que celle-ci ne soit à son tour l'objet d'une dislocation. Mais la violence faite au corps ne relève pas d'un plaisir sadique : elle ouvre un double processus, qui permet au corps, dans un premier temps de se fondre avec le monde, pour renaître ensuite en lui. Dans la même section du *Mouvement et de l'immobilité de Douve*, on peut lire :

Théâtre XVII

Le ravin pénètre dans la bouche maintenant,
Les cinq doigts se dispersent en hasard de forêt maintenant,
La tête première coule entre les herbes maintenant,
La gorge se farde de neige et de loups maintenant,
Les yeux ventent sur quels passagers de la mort et c'est nous dans ce vent dans cette eau dans ce froid maintenant.

Ce poème peut d'abord être lu comme le précédent. Le corps y est disloqué, autant par l'action des verbes — pénétrer, se disperser, couler — que par ses manifestations éparses entre chaque vers — « la bouche », « les cinq doigts », « la tête », « la gorge », « les yeux ». Mais à la « musique saugrenue » s'est « maintenant » substitué le monde même : c'est « le ravin », puis la « forêt », « les herbes »… Ainsi agressé par le monde, puis confondu avec ce même

---

1. Comment interpréter cette « musique saugrenue » ? Doit-on considérer qu'elle est un accès au sens, dans ce qu'il a de plus immédiat, de plus sensible ? Sans doute faut-il aussi y voir une réminiscence de la « musique savante » d'un poème des *Illuminations* de Rimbaud, « Conte ».

monde, le corps n'est plus seulement dans un rapport de soumission et de souffrance. La phase négative, violente, a été dépassée pour une synthèse ultime, dans laquelle peut alors se faire la saisie du monde. C'est ce que permet l'avènement du « nous » final, qui est autant disloqué avec Douve dans le monde, qu'en pleine saisie de ce monde et de l'immédiateté de « maintenant ». Les exemples que nous avons pris sont extraits du début de l'œuvre, mais il serait aisé de trouver des figures similaires dans les recueils suivants. Ainsi l'Hélène de « De vent et de fumée[1] » est-elle bien tout d'abord un corps disloqué : on fait l'hypothèse qu'elle est « une image », « D'autres scoliastes/Ont même cru à une œuvre de pierre » que le poème dit ensuite « Rugueuse, fissurée », et finalement elle s'avère n'être « qu'un feu/Bâti contre le vent sur une plage ». La succession des hypothèses revient à un démembrement progressif, l'image devenant pierre, puis pierre rugueuse et bientôt sable, qui appelle la plage et ce feu devant la mer. Mais Hélène est alors aussi le monde même, puisque feu, vent et fumée, elle est « protestation de l'esprit/Contre la mort ».

Ce qu'il faut retenir de ce processus de violence faite au corps, puis de fusion du corps avec le corps du monde*, c'est à la fois son fonctionnement dialectique — la négation mène à un dépassement — et sa grande ambiguïté : en mettant en avant de la sorte le corps souffrant, Bonnefoy propose comme voie d'accès à la présence et à la saisie du monde un passage par la mort et la négation. C'est ce qu'à plusieurs reprises il a comparé — d'un point de vue tout athée — au fonctionnement de la théologie négative*. Mais cette voie est doublement risquée. D'une part, la fascination de l'absence peut mener à un approfondissement sans fin de la négation, à un nihilisme*. Or ce qui protègerait de ce nihilisme* et du désespoir, ce n'est finalement que le rêve de la présence, puisque celle-ci échappe toujours, par nature, à la nomination. Parce que nous sommes des êtres de langage, nous sommes condamnés à ne saisir le monde que par ce biais imparfait des mots, c'est-à-dire à la fois à toujours manquer le monde, et

---

1. *La Vie errante*, pp. 93-99.

pourtant à y tendre toujours : « Tout cela, et qui fut/Si nôtre, mais/N'est que ce creux des mains/Où eau ne reste[1]. »

■ Les figures féminines : Douve et Cérès

Saisir le monde, entrevoir la présence, c'est mettre au premier plan la chair*, au détriment de l'esprit. Tel, on l'a dit, est pour Bonnefoy l'enjeu du vers, tel aussi le rôle central que nous venons d'examiner du corps. Mais cette incarnation gagne bien sûr en force en se manifestant dans des figures précises. Celles-ci sont de deux sortes : des figures internes à l'œuvre, comme Jean-Basilide ou Douve ; et des figures mythologiques, nombreuses, et revivifiées par l'œuvre. Les figures féminines, dans ce dispositif, jouent un rôle particulier. Elles sont d'abord le « tu » de l'altérité vers lequel se porte naturellement le « je » de la parole, dans le désir amoureux : le désir de l'autre, c'est d'abord le désir de la présence féminine. À partir de *Rue Traversière*, elles participent aussi à la remémoration de la mère. Nous n'allons cependant pas examiner toutes les figures féminines qui traversent l'œuvre, la Veneranda d'*Hier régnant désert*, la fille de Pharaon dans *Dans le leurre du seuil*, ou la « *Promé té ché* » de *Rue Traversière*[2] : il nous a paru préférable de nous arrêter à deux figures fondamentales, Douve bien sûr, à l'ouverture de l'œuvre, et Cérès, dans le dernier recueil.

Comment cerner Douve, comment même la définir ? Est-il seulement exact de dire que Douve est une figure féminine, quand on entend en elle aussi bien les douves sombres d'un château, emplie d'une « eau basse irréductible[3] » ? À plusieurs reprises, le texte propose des définitions. Douve est cette « lande résineuse endormie près de moi[4] », dans laquelle on retrouve la fusion du corps avec le monde, mais aussi « village de braise » dans le même poème ; elle est

---

1. *Les Planches courbes*, p. 33.
2. Il s'agit là d'une figure qui a été longuement analysée : voir en particulier le travail de M. Finck, *op. cit.*, pp. 156-161.
3. *Poèmes*, p. 104.
4. *Ibid.*, p. 48.

peu après une « rivière souterraine » puis une « lente falaise d'ombre[1] ». À la croisée de plusieurs réseaux référentiels, Douve reste néanmoins, dans toutes ses occurrences, le corps souffrant dont nous avons parlé, mais aussi le corps exultant : « Et je t'ai vue te rompre et jouir d'être morte[2] ». Le démembrement du corps menant à la fusion avec le monde, il est le moyen d'une plus haute renaissance : « Au pas noir de la terre, Douve ravagée, exultante, rejoint la lampe noueuse des plateaux[3]. » Si Douve est donc bien, à l'évidence, une figure sombre, marquée par la détresse et la mort, elle est aussi la figure qui permet une transmutation, prenant à sa charge le fonctionnement dialectique que nous avons signalé. Car la fusion du corps dévasté avec le corps du monde peut se définit comme « *l'instant où la chair la plus proche se mue en connaissance*[4]. » L'ambiguïté de la figure de Douve — que redouble par exemple dans le recueil celle de Cassandre, la prophétesse qui ne sait annoncer que les désastres — réside donc dans l'ambiguïté même de ce mouvement dialectique. Si Bonnefoy propose la mort comme voie d'accès à la vérité, c'est parce qu'il considère qu'il n'est pas d'autre vérité que notre finitude : il faut donc accepter la mort pour comprendre ce que nous sommes, des êtres de chair et de souffrance, et non pas des idéalités abstraites. Mais ce processus n'explique pas le plaisir de la mort clamé par Douve : « J'aime m'aveugler, me livrer à la terre. J'aime ne plus savoir quelles dents froides me possèdent[5]. » À cet égard, Douve est bien une « eau froide irréductible », irréductible au sens, irréductible au concept dialectique. On peut comprendre le fonctionnement de sa figure dans l'œuvre, mais il n'épuise ni la violence qu'elle manifeste, ni le réseau fantasmatique dont elle est le centre, ni par conséquent son ambiguïté. Sans doute est-ce là le propre d'une figure que l'on peut dire pleine. Si les figures mineures du recueil, comme Cassandre ou Ménade, sont plus facilement lisibles, c'est parce qu'elles sont

---

1. *Poèmes*, p. 50 ; dans cette « falaise », M. Finck entend aussi la Douvres du *Roi Lear*.
2. *Ibid.*, p. 45.
3. *Ibid.*, p. 56.
4. *Ibid.*, p. 98.
5. *Ibid.*, p. 96.

finalement réductibles à des fonctions : elles ont un rôle précis, qu'elles n'excèdent pas. Douve en revanche est un corps, et non pas une idée. En tant que telle, animée par les pulsions et le désir, elle ne saurait être réduite aux fonctions qu'elle emplit pourtant. La réussite d'une telle figure tient alors à cette ambiguïté : c'est parce qu'elle est une incarnation réussie qu'elle donne à comprendre notre finitude dans le corps, et c'est parce qu'elle est cette finitude qu'elle reste vouée aux rêves, fussent-ils marqués par le nihilisme.

Examiner la figure de Cérès nous permet de tracer dans l'œuvre des évolutions. Remarquons toutefois que sa présence ne date pas du dernier recueil : sa fille, « Coré l'absente », apparaît dans *Pierre écrite*[1], tandis qu'elle est évoquée dès l'article « Eslheimer et les siens[2] ». Rappelons d'abord quelques points essentiels. Bonnefoy appelle toujours de son nom romain, Cérès, celle que les Grecs appelaient Déméter. Celle-ci eut une fille de son propre frère, Jupiter ; cette fille, Coré, sera enlevée par le dieu des Enfers, et devenant son épouse, elle prendra le nom de Proserpine (Perséphone chez les Grecs) ; folle de douleur, sa mère part à sa recherche, et décide alors d'abandonner ses fonctions, déesse de la terre. Jupiter parvient à un accord : une moitié de l'année, sa fille reste avec elle, et la déesse remplit son rôle ; l'autre moitié de l'année, sa fille reste avec son mari, et la terre dépérit. Ce sont les saisons. On voit donc que Cérès est une figure touchée par la mort. Par ailleurs, Bonnefoy a été très marqué par un tableau d'Elsheimer, « la dérision de Cérès » : « Je rêve que je n'ai retenu de la peinture du monde que la *Dérision de Cérès*, d'Adam Elsheimer, et la *Diane et ses filles* de Vermeer[3]. » Le tableau reprend un épisode d'Ovide : « la déesse arrive de nuit à une pauvre maison et, ayant soif, demande à boire à la vieille femme qui vit là. Celle-ci lui offre d'une certaine boisson, Cérès porte la cruche à ses lèvres, mais un petit garçon "au visage fermé, agressif" [...] se place devant elle, se moque de ce qu'il dit en riant son avidité à boire : sur quoi Cérès

---

1. *Poèmes*, p. 242.
2. *Le Nuage rouge*, pp. 95-105.
3. *La Vie errante*, p. 72.

le transforme en lézard qui va se cacher sous des pierres[1]. » Cet épisode, à travers le tableau d'Elsheimer et l'interprétation que Bonnefoy en donne, sert de toile de fond à la référence des *Planches courbes*. Cérès apparaît d'abord dans le recueil dans la quête de sa fille, et y décrite comme « suante, empoussiérée[2] », avant que l'épisode de la dérision ne soit clairement évoqué : « Cérès moquée brisa qui l'avait aimée[3]. » Mais l'enfant transformé en lézard est ici le « je » :

> *Ai-je voulu me moquer, certes non,*
> *Plutôt ai-je poussé un cri d'amour*
> *Mais avec la bizarrerie du désespoir.*

Ce glissement, à plusieurs titres, n'est pas innocent : d'une part, il permet d'assumer davantage encore l'interprétation que fait Bonnefoy de ce geste — ce n'était pas moquerie, mais jeu d'enfant, et même amour ; d'autre part, si l'enfant est le « je », alors la moquerie amoureuse s'adresse en Cérès à la mère — autant la mère qu'est Cérès, en quête de sa propre fille, que la mère du « je ». Nulle surprise alors à ce que l'épisode trouve place dans la section « La maison natale ». Aussi le dernier poème de la section revient-il encore sur cet épisode :

> *Et pitié pour Cérès et non moquerie,*
> *Rendez-vous à des carrefours dans la nuit profonde,*
> *Cris d'appel au travers des mots, même sans réponse,*
> *Parole même obscure mais qui puisse*
> *Aimer enfin Cérès qui cherche et souffre[4].*

L'interprétation définitive de l'épisode se précise maintenant, autour de son ambiguïté. Pourquoi Cérès, alors qu'elle cherche sa propre enfant, fut-elle si cruelle ? Parce qu'il faut comprendre d'abord sa souffrance, et dès lors éprouver

---

1. *Dessin, couleur et lumière*, p. 82 ; le tableau d'Elsheimer, qui se trouve au musée du Prado, à Madrid, est reproduit à la page 85 de cet ouvrage. L'épisode est emprunté aux *Métamorphoses* d'Ovide, V, 438-461.
2. *Les Planches courbes*, p. 21.
3. *Ibid.*, p. 85.
4. *Ibid.*, pp. 97-98.

« pitié pour Cérès et non moquerie ». C'est bien ce que fait le « je », dans une parole « qui puisse/ Aimer enfin ». S'éclaire maintenant toute la complexité de la figure de la mère éclairée par celle de Cérès. Elle est simultanément la mère qui souffre, comme Cérès dans la quête éperdue de sa fille, et la mère sévère, comme la déesse intransigeante, ce qui signifie qu'elle a double face. Il faut y lire aussi bien la « marâtre » qui ouvre « La voix lointaine[1] » que « la sans-visage/Que je savais qui secouait la porte[2] » et, autre face, celle que les vers de Keats permettent de comprendre, « *when, sick for home,/She stood in tears amid the alien corn*[3]. » Le sentiment de l'exil joue ici le rôle de la perte de la fille chez Cérès : ce sont des femmes de la souffrance, comme Douve l'avait été autrement. L'ambiguïté réside dans le redoublement de cette souffrance chez l'enfant, l'un qui s'est senti peu aimé, l'autre changé en lézard. Mais il faut pourtant passer outre, voir dans l'avidité de Cérès à boire sa quête éperdue de l'amour, et aimer maintenant Cérès, l'aimer pour sa souffrance.

Si les figures féminines se sont donc modifiées au fur et à mesure de l'œuvre, on voit que leur fonctionnement global n'a guère varié, et en même temps, on l'a dit pour Douve mais il en est bien sûr de même pour la double figure de la mère et de Cérès, qu'elles ne sauraient être réduites à un fonctionnement. La charge émotive qui s'y joue, notamment dans la section « La maison natale », est trop forte pour être épuisée par un processus dialectique. La scansion introductive de l'anaphore « Je m'éveillai, c'était la maison natale[4] » montre assez combien la remémoration se fait davantage sur le mode d'un donné irrépressible que sur celui d'un passé « arrangé ». Il en est de même lors de l'apparition du père, avec l'aveu :

J'aurai barré
Cent fois ces mots partout, en vers, en prose,

---

1. *Les Planches courbes*, p. 57.
2. *Ibid.*, p. 83.
3. *Ibid.*, p. 93. Bonnefoy, dans *Keats et Leopardi*, pp. 20-21, traduit ainsi ces vers : « quand, déchirée/Du regret du pays natal, elle se tenait droite,/En pleurs, dans les sillons d'un autre blé. »
4. *Les Planches courbes*, pp. 83, 84 et 85.

> *Mais je ne puis*
> *Faire qu'ils ne remontent pas dans ma parole*[1].

Il en est de même aussi à propos de Cérès, lorsque, commentant le tableau d'Elsheimer, Bonnefoy écrit : « un récit que son auditeur ne peut décidément pas réduire à un sens quelconque, c'est comme un récit de rêve[2] ». Lier ainsi la difficulté ou la fuite du sens au rêve, c'est admettre son intimité profonde, et même la revendiquer. Ce que les figures féminines, de Douve à Cérès, mettent alors en avant, c'est simultanément leur irréductibilité au sens, du fait d'une ambiguïté travaillée et construite par le texte, et, du fait même de cette ambiguïté, leurs caractères de figures de seuil : elles se tiennent « entre deux mondes[3] », entre la vie et la mort, entre la souffrance et l'intransigeance, entre l'amour cherché et l'amour donné, peut-être même entre la présence et l'idéalité, ou du moins le désir de cette idéalité pourtant rejetée.

■ Les passeurs : le nautonier et saint Christophe

Cet entre-deux est souvent figuré, dans l'œuvre de Bonnefoy, par le fleuve : Styx ou Nil, Loire ou Lot, qu'il ait ou non un nom, le fleuve peut paraître ce qui sépare, mais il est aussi ce qui unit, en cela qu'il marque un seuil et définit un possible passage. Très vite, le motif du fleuve devient alors inséparable de celui de la barque, l'un marquant la limite et l'autre l'enjambant. Relevons rapidement l'importance de ces motifs, essentiels dans l'imaginaire de Bonnefoy, à tel point qu'on les trouve dans pratiquement tous ses recueils. Le fleuve apparaît lié à la barque dès le poème « Aux arbres[4] », et l'on peut aller jusqu'à considérer que dans le premier poème de l'œuvre, le premier poème d'*Anti-Platon*, le fleuve est déjà présent dans le « pays de l'eau sur les osiers[5] » ; on le trouve, plus nette-

---

1. *Les Planches courbes*, p. 91.
2. *Dessin, couleur et lumière*, p. 82.
3. « la poésie entre deux mondes » est le titre de la lumineuse préface de Jean Starobinski à l'édition de poche des *Poèmes*.
4. *Poèmes*, p. 65.
5. *Ibid.*, p. 33.

Approches thématiques

ment encore, dans la désignation du « fleuve aux simples eaux terrestres », qui suit de près celle de « l'enclos des barques obscures[1] ». Le navire, variante de la barque, est l'un des motifs organisateurs du long poème, « L'été de nuit[2] », qui ouvre *Pierre écrite*. Mais le fleuve est surtout le titre même de la première section de *Dans le leurre du seuil*, tandis que la quatrième a pour titre « Deux barques[3] ». Le fleuve est encore lié au rêve, dans *Ce qui fut sans lumière*[4], et réapparaît bien sûr pleinement dans *Les Planches courbes*, avec l'évocation d'abord de « la barque sur la rive[5] » puis celle des « planches courbes[6] », qui annonce la section du même nom. Toutes ces références n'ont sans doute pas, dans chaque poème, le même sens, mais du moins témoignent-elles d'une grande continuité de l'œuvre autour de l'enjeu symbolique du seuil et du passage.

Or ce passage est d'abord organisé par un passeur, « l'informe nautonier » qui ne charge son passager sur « la barque des morts » qu'au prix d'une « obole[7] ». Cette figure du passeur acquiert dans *Dans le leurre du seuil* une dimension nouvelle : « le nautonier/Pesait de tout son poids contre la perche/Qui avait pris appui, tu ignorais/Où, dans les boues sans nom du fond du fleuve[8]. » Or cet effort, à la fois de passer et de peser — la proximité sonore des deux mots n'est sans doute pas fortuite, qui sera confirmée ensuite par le verbe pousser —, d'aller chercher la boue, celle-là même dont Baudelaire disait avoir fait de l'or, cet effort unit la confrontation avec le réel dans ce qu'il a de plus informe — la boue justement — et l'idée du passage : pas de passage

---

1. *Poèmes*, p. 122.
2. *Ibid.*, pp. 185-193.
3. *Ibid.*, pp. 253-256 et 275-282.
4. « comme un fleuve/En crue, de nuit, débouche dans le rêve », *Ce qui fut sans lumière*, p. 12, et « Dans ce rêve le fleuve encore », *ibid.*, p. 85.
5. *Les Planches courbes*, p. 61.
6. *Ibid.*, p. 87.
7. *Poèmes*, p. 65. Il s'agit là de la première référence explicite à Charon, dont on voit qu'elle est très ancienne dans l'œuvre, puisqu'elle ouvre la seconde section de *Du mouvement et de l'immobilité de Douve*.
8. *Poèmes*, p. 254.

sans comprendre la boue, pas d'accès au sens sans prise en compte de la « réalité rugueuse », selon le mot de Rimbaud. Mais dans le même temps, il serait illusoire de croire au sens de l'informe, sinon à sombrer dans un nihilisme* que toute l'œuvre récuse ; accéder au sens devient alors accepter le non-sens en tant que tel, et non chercher à l'intégrer dans une construction intelligible :

> *Plus avant que le chien*
> *Dans la terre noire*
> *Se jette en criant le passeur*
> *Vers l'autre rive.*
> *La bouche pleine de boue,*
> *Les yeux mangés,*
> *Pousse ta barque pour nous*
> *Dans la matière.*
> *Quel fond trouve ta perche, tu ne sais,*
> *Quelle dérive,*
> *Ni ce qu'éclaireront, saisis de noir,*
> *Les mots du livre*[1].

On voit bien ici que le rôle du passeur relève de l'informe : il est celui qui ne parle plus (« la bouche pleine de boue ») ou dont les mots ne sont que de terre, il est celui qui ne voit plus (« les yeux mangés ») et est en dehors du sens (« tu ne sais » reprend le « tu ignorais » de la citation précédente). Mais c'est le passage par l'informe, Douve nous l'a appris, qui permet l'accès à un au-delà. Ici, le passeur est celui qui « nous » mène « dans la matière ». La question du sens ne se pose pas, ou du moins elle est secondaire, du moment que la matière a été réintégrée aux « mots du livre ». C'est dire que cette figure a un rôle considérable puisque, enjambant les deux bords, d'un côté et de l'autre de l'ambiguïté, elle permet un passage en conservant en même temps la matière, garante d'un accès possible à la présence. Néanmoins, force est de constater, à l'image de Douve, que la figure de Charon est bien sombre : c'est celui qui permet le passage du Styx, le fleuve des morts.

---

1. *Poèmes*, p. 260.

Aussi son évolution récente est-elle tout à fait fondamentale. Dans « Les planches courbes », le texte s'ouvre bien sur la figure du nautonier : tous les éléments sont réunis, la barque, le fleuve et « la petite pièce de cuivre[1] ». L'homme est nommé « le passeur », et se sert comme dans les textes précédents d'une « perche » qu'il enfonce dans « la boue ». Un élément entre cependant en discordance :

> Le géant se pencha, prit [l'enfant] dans ses vastes mains, le plaça sur ses épaules, se redressa et descendit dans sa barque, qui céda un peu sous son poids[2].

L'attitude n'est plus ici celle du nautonier Charon, et un glissement de figures s'opère, avec sa transformation en saint Christophe[3] : la taille de géant comme le fait de porter l'enfant sur les épaules vont dans ce sens. Ce glissement est confirmé par la suite du texte, puisque « la barque semble fléchir de plus en plus sous le poids de l'homme et de l'enfant » mais « l'esquif ne coule pas, cependant, c'est plutôt comme s'il se dissipait, dans la nuit[4] ». Il ne reste dès lors que le géant qui porte l'enfant, dont la nature divine se révèle lorsque « la petite jambe » est devenue « immense déjà[5] ». Le poids surnaturel renforce cette interprétation, puisqu'il est aussi l'un des éléments de la légende[6]. Quelle fonction peut avoir un tel glissement, et comment interpréter cette nouvelle figure de passeur ? Deux points nous semblent là essentiels. D'une part, si Charon nous était apparu une figure sombre, il est évident que tel n'est pas le cas de saint Christophe : cette évolution serait donc du même ordre que celle de l'œuvre en général, moins marquée par la mort, et plus apaisée. D'autre part, l'enfant porté par saint Christophe est évidemment le Christ. La figure du passeur serait alors liée à celle du sauveur. Dans la perspective athée qui est celle d'Yves Bonnefoy,

---

1. *Les Planches courbes*, p. 101. Dans le même recueil, la figure du nautonier apparaissait déjà page 74.
2. *Ibid.*, p. 102.
3. Ce glissement a été remarquablement analysé par Jean-Yves Masson, dans un récent colloque de la Sorbonne, dont les actes sont à paraître.
4. *Les Planches courbes*, p. 103.
5. *Ibid.*, p. 104.
6. Ce récit se trouve dans *La Légende dorée*, de Jacques de Voragine.

il ne faut pas y voir une tardive conversion, mais bien l'idée que le passage mène à une forme de salut, de salut du monde par les mots et la poésie, mais aussi de salut de la poésie par l'acceptation du monde et de la finitude.

■ Les sauveurs : Moïse et Jésus

Afin de préciser ce glissement, il faut compléter l'étude de ces figures de passeurs par celle des figures de sauveurs, soit celles de Moïse et de Jésus. Ces deux figures, on le voit, sont encore liées au fleuve : Moïse est l'enfant sauvé du Nil par la fille de Pharaon, et Jésus l'enfant soulevé par saint Christophe au-dessus d'un fleuve dont le passage est plein de dangers. La figure de Moïse, tout d'abord, est double, puisqu'il est sauvé avant d'être le sauveur de son peuple. C'est cette première image qui retient Bonnefoy, en particulier à travers un tableau de Poussin, *Moïse sauvé des eaux*[1]. Les références à cet épisode biblique[2] sont nombreuses dans l'œuvre poétique. Le Nil est peut-être déjà le « pays de l'eau sur les osiers[3] », à l'orée de l'œuvre. La « fille de Pharaon » apparaît avec « ses servantes » dans *Dans le leurre du seuil*, couverte d'une « étoffe rouge[4] ». Sans doute y en a-t-il encore une réminiscence quand le poète s'interroge : « que faire de ce lambeau d'étoffe rouge[5] ? ». C'est dire que la figure du Moïse sauvé hante l'œuvre, non seulement comme référence explicite, mais aussi comme source féconde de l'imaginaire, puisqu'elle innerve aussi de nombreuses figures féminines, et en particulier maternelles. Ce Moïse dans

---

1. Il y a plusieurs tableaux de Poussin consacrés à cet épisode, au musée du Louvre.
2. Exode, 2, 3-10.
3. *Poèmes*, p. 33.
4. *Ibid.*, p. 263. La fille de Pharaon, nommée aussi l'Égyptienne, apparaît aussi aux pages 274, 279 et 324. Par ailleurs, on ne saurait oublier que l'un des récits de *Rue Traversière* se nomme « L'Égypte ». L'étoffe rouge ne relève pas du récit biblique, mais du tableau de Poussin. De même que fleuve et barque nous ont paru intimement liés, on peut considérer que l'étoffe rouge est une marque de la fille de Pharaon, et partant, qu'elle renvoie toujours à Moïse. Par le biais de cette étoffe, il est probable aussi qu'un lien soit établi entre la figure maternelle et celle de la fille de Pharaon.
5. *Les Planches courbes*, p. 60.

son berceau d'osier est donc une figure remarquable en cela qu'elle permet la synthèse de plusieurs strates de l'imaginaire. Le fleuve est là, avec sa boue et sa matière, mais aussi l'autre rive qu'il désigne toujours ; la mère se dessine dans la figure de l'Égyptienne, à travers l'étoffe rouge, lavée dans le fleuve ici, entrouverte là ; l'enfant, bien sûr, est au premier plan, à la fois celui à sauver et celui qui sauve, lié en cela à Jésus. Et les références à l'enfant sauveur viennent alors recouvrir les références à l'enfant sauvé, dans la fusion de ces réseaux imaginaires :

> *Plus avant que l'étoile*
> *Dans ce qui est*
> *Se baigne simple l'enfant*
> *Qui porte le monde.*
> *Il fait nuit encore, mais lui*
> *Est de deux couleurs,*
> *Un bleu qui prend au vert*
> *Du faîte des arbres*
> *Comme un feu se fait clair*
> *Parmi des fruits*
>
> *Et le rouge des lourdes*
> *Étoffes peintes*
> *Que lavait l'Égyptienne, l'irréveillée,*
> *De nuit, dans l'eau du fleuve,*
> *Quand la perche a heurté,*
> *Est-ce le jour,*
> *Dans la boue de l'image aux yeux déserts*
> *À la parole*[1].

Si l'enfant peut porter le monde, c'est parce qu'il réunit le « simple » et l'ambivalence, figurée ici par les « deux couleurs ». En étant d'un « bleu qui prend au vert » et du « rouge » de l'Égyptienne, l'enfant est lié aussi bien à la nature « du faîte des arbres » qu'à la culture des « étoffes peintes », aussi bien à cette renaissance de la couleur, alors qu'« il fait nuit encore », qui l'apparente

---

1. *Poèmes*, p. 274.

à Jésus, qu'à « l'Égyptienne, l'irréveillée », qui l'apparente à Moïse. Et Moïse ou Jésus, il renvoie encore au nautonier dont « la perche a heurté », qui soulève « la boue ». Il est essentiel de souligner que la naissance du jour, « est-ce le jour », ne se fait que dans ce dernier mouvement. L'enfant sauveur, le Moïse devenu Jésus, ne peut mener le monde à la lumière que parce la boue a été remuée, s'est mêlée à l'eau du fleuve.

Et ce mouvement qui mène de l'enfant sauvé à l'enfant sauveur doit alors être rapproché de l'interprétation que donne Bonnefoy de l'enfance même. « L'Égypte », ce texte qui ouvre *Rue Traversière*, permet de mieux envisager cette question. Au moment même où est fait le récit de la congestion cérébrale de la mère du narrateur[1], apparaît un personnage curieux, « une sorte de petite fille en blue-jeans, chantonnante », dont le narrateur comprend « qu'elle s'appelait "*l'Égypte*[2]" ». Pourquoi ce nom, et que représente cette petite fille ? On ne saurait évidemment envisager cette figure sans la rapprocher de l'Égyptienne, c'est-à-dire sans considérer qu'elle est pour une part celle qui sauve. Au moment de la mort de la mère, le salut est donc apporté par une enfant. Et c'est dès lors la position même de l'enfant qui est renversée : l'enfant sauve celui qui le porte ou l'élève, l'enfant sauve l'adulte. C'est bien la fable même de saint Christophe : l'enfant porté sauve le géant, et non l'inverse. Cela apparaît d'autant plus net que dans un autre texte, « La résurrection[3] », le narrateur se demande « comment ressuscitera ma mère ? », comme si cette résurrection était de son ressort, du ressort de l'enfant. La petite fille de « L'Égypte » peut maintenant être mieux comprise : elle est celle qui sauve, celle qui porte le monde, « et l'enfant/Est le progéniteur de qui l'a pris/Un matin dans ses mains d'adulte et soulevé/Dans le consentement de la lumière[4]. » Le salut amené par l'enfant ne

---

1. Récit en grande part autobiographique, mais dont nous intéresse davantage la relecture par l'écriture, que la question de sa véracité biographique.
2. *Rue Traversière*, pp. 12-13.
3. *Ibid.*, pp. 138-144. La première partie de ce texte porte sur la traduction d'un texte de Yeats, *La Résurrection*, tandis que la seconde, aux pages 143-144, est constituée d'une longue parenthèse aux résonances autobiographiques. Le père du poète y est d'ailleurs très brièvement évoqué.
4. *Début et fin de la neige*, 139.

relève pas d'une quelconque métaphysique, comme le glissement de la figure de Moïse à celle de Jésus pourrait le laisser croire ; il relève d'une inversion complète des rapports de l'adulte à l'enfant, dans laquelle c'est l'enfant qui prend en charge l'adulte, l'enfant qui permet à l'adulte son avènement. Tel est bien le processus des « Planches courbes », quand le géant refuse d'être le père de cet enfant qui le lui demande, avant de le devenir de fait en le portant, et en acceptant d'« oublier les mots » : c'est l'enfant qui fait être père, et non le père qui fait être enfant. De quel salut s'agit-il alors ? Non pas bien sûr du salut dans un autre monde, qui serait un contresens complet puisque ce salut ne peut au contraire advenir que par la boue remuée, que par l'acceptation de la finitude, mais du salut simultané et réciproque de la parole et du monde. C'est l'acceptation du réel qui permet à la parole de ne pas se perdre, et c'est la parole poétique, dans son refus du concept qui est chemin vers le silence, l'oubli des mots, qui permet au monde de ressurgir.

III. Lieux

■ Le vrai lieu

Cela peut apparaître comme un paradoxe que de dire qu'il n'y a, chez Bonnefoy, ni d'au-delà du monde, ni de rêverie de cet au-delà, quand sont incessamment convoqués dans ses textes « l'arrière-pays », rêverie s'il en est, ou le « vrai lieu », qui ne paraît guère un ici. C'est pourtant bel et bien comme un *hic et nunc* qu'il faut entendre cette notion, même s'il faudra distinguer entre lieux mythiques et lieux réels, et ne pas chercher à localiser le vrai lieu. La question posée par la notion de « vrai lieu », on le comprend aisément, n'est guère celle du *lieu* — la question *où* — que celle du *vrai*. Dès lors, il semble que l'identification du vrai lieu soit à mettre en rapport avec un ensemble de textes, qui forment un corpus cohérent : les poèmes « Vrai nom », « Vrai corps », « Vérité », et toute la dernière section du *Mouvement et de l'immobilité de Douve*, « Vrai lieu[1] ». Dans ces textes apparaît une thématique christique fondamentale, en particulier autour du motif du sang. Ce qui retient l'attention de Bonnefoy, dans la figure du Christ, c'est en effet l'incarnation : le salut n'a été trouvé qu'en se faisant chair, c'est-à-dire en acceptant la finitude. Or tel est bien l'enjeu, tout d'abord, du « vrai corps », mais par extension aussi du « vrai nom » et du « vrai lieu ». « Que j'aime qui s'accorde aux astres par l'inerte/Masse de tout son corps[2] » affirme que la vérité n'a d'autre lieu que le corps — d'autant plus bien sûr que le corps, en passant dans le cas de Douve par une phase de démembrement, a fusionné avec le corps du monde. Le vrai lieu est alors le corps même, le corps en tant qu'il est un monde. En d'autres termes, le lieu n'atteint au statut de vérité qu'à partir du moment où l'incarnation est allée à son terme, c'est-à-dire à partir du moment où le corps et la finitude ont été acceptés, fût-ce dans la souffrance :

Vérité[3]

Ainsi jusqu'à la mort, visages réunis,
Gestes gauches du cœur sur le corps retrouvé,
Et sur lequel tu meurs, absolue vérité,
Ce corps abandonné à tes mains affaiblies.

L'odeur du sang sera ce bien que tu cherchais,
Bien frugal rayonnant sur une orangerie.
Le soleil tournera, de sa vive agonie
Illuminant le lieu où tout fut dévoilé.

Le passage par la souffrance, l'abandon premier du corps et la mort, permettent de passer outre l'« absolue vérité », au profit de la découverte d'un « bien » insoupçonné : « l'odeur du sang » est ce « bien frugal » qui permet le retour au simple, et l'illumination du « lieu ». La vérité ne relève plus alors d'un absolu, elle n'est pas vérité révélée, le vrai nom n'est pas celui de Dieu ni le vrai corps

---

1. *Poèmes*, pp. 73, 75, 105, et 107-113. Voir à cet égard O. Himy, *op. cit.*, pp. 28-50, ainsi que l'article de J. E. Jackson, « Poétique de "Vrai nom" », « Yves Bonnefoy », Le Temps qu'il fait, Cahier onze, 1998, pp. 106-112.
2. *Poèmes*, p. 111.
3. *Ibid.*, p. 105.

un corps de gloire[1], puisque la vérité n'est que dans le corps de souffrance et de finitude, et dans le lieu de l'ici-bas. Il n'y a donc pas d'autre lieu que l'*hic et nunc*, sous quelque manifestation qu'il se présente, et qu'il soit ou non l'objet d'un rêve.

■ Topographie de l'imaginaire

De nombreux lieux précis hantent la poésie de Bonnefoy, à commencer par « l'orangerie » dans laquelle vient mourir Jean-Basilide, et qui constitue la quatrième section du *Mouvement et de l'immobilité de Douve*. Ce lieu mythique, fait de transparence et de chaleur, est intimement lié à la mort, et peut donc bien relever de la caractérisation d'un vrai lieu, lieu d'une finitude acceptée. Certains de ces lieux sont entièrement imaginaires, d'autres plus ou moins ancrés dans une réalité biographique. Sans établir une topologie définitive, qui serait bien illusoire, on peut néanmoins relever certains lieux essentiels. Du côté de la référence réaliste, trois pôles orientent cette topologie. L'Italie, que ce soit celle des voyages que Bonnefoy y a effectués ou celle des peintres sur lesquels il a écrit, occupe une place essentielle : la « Chapelle Brancacci » de Florence[2] voisine avec les « Tombeaux de Ravenne[3] » ou bien sûr Rome[4]. À ce premier réseau identifiable s'ajoute celui des nombreux voyages d'Yves Bonnefoy, qu'il s'agisse de Prague[5] ou des multiples références nord-américaines[6]. Enfin, un troisième réseau, plus intime, relève de la vie privée du poète : on y retrouve par exemple Tours, sa ville natale, dans laquelle la « rue Traversière » occupe une place

---

1. « Vrai corps » renvoie notamment à un poème de Pierre Jean Jouve, « Vrai corps », extrait du recueil *Noce*, *Œuvres*, vol. 1, Mercure de France, 1987, pp. 187-190. Mais la perspective de Jouve est évidemment chrétienne, quand celle de Bonnefoy ne l'est pas.
2. *Poèmes*, pp. 108 et 179.
3. *L'Improbable*, pp. 11-28 et *Poèmes*, p. 180.
4. Soulignons simplement le très beau *Rome 1630 : l'horizon du premier baroque*, Flammarion, 1970, réédité en 1994.
5. « Les découvertes de Prague », *Rue Traversière*, pp. 42-54.
6. « Hopkins Forest », *Début et fin de la neige*, pp. 133-135, ou *La Vie errante*, pp. 49-52.

particulière, ou « V.[1] ». Il est cependant essentiel de comprendre que ces références, si elles permettent d'ancrer davantage dans la réalité, si, en quelque sorte, elles participent d'un certain effet de réel, sont entièrement remodelées par l'œuvre. Bonnefoy est attentif à ne pas céder à un biographisme qui ne l'intéresse guère : ainsi Valsaintes est-elle réduite à son initiale, parce qu'il n'est d'aucune utilité pour le lecteur de savoir s'il s'agit de ce lieu ou d'un autre. L'évocation du soleil, de la lumière, celles du vent et des pierres, sont l'essentiel : là est la présence, là la vérité du lieu. Le cas le plus frappant de la relecture du lieu réel par l'imaginaire et par l'œuvre est celui de la « rue Traversière ». Dans la réalité tourangelle, la rue n'est pas celle que Bonnefoy a rêvée, comme il l'explique dans « Seconde rue Traversière[2] ». Dès lors, la réalité du lieu s'est effacée au profit du rêve de ce lieu, et donc de ce que cette rue pouvait représenter, du point de vue de l'imaginaire. Or le premier texte est sans équivoque, comme le nom même de la rue : c'est un lieu de passage, un lieu qui permet la traversée d'un monde à un autre, comme le fleuve l'était autrement. Sans doute comprendra-t-on mieux ce fonctionnement en examinant le texte bref qui sépare « Rue Traversière » et « Seconde rue Traversière », et dont la position stratégique dans le recueil ne peut qu'attirer l'attention :

Rentrer, le soir[3]
Une allée de jardin botanique, avec beaucoup de ciel rouge au-dessus des arbres humides. Et un père, une mère des aciéries qui y ont mené leur petit enfant.
Puis, du côté du soir, les toits sont une main qui tend à une autre main une pierre.
Et c'est soudain un quartier de boutiques basses et sombres, et la nuit qui nous a suivis pas à pas a un souffle court, qui cesse parfois ; et la mère est immense près du garçon qui grandit.

La « rue Traversière », le premier texte l'indiquait clairement, est liée pour Bonnefoy au « jardin botanique » : elle est le chemin qui fait passer du monde

---

1. *Poèmes*, p. 285 et *Ce qui fut sans lumière*, p. 19. Il s'agit de Valsaintes, dans les Basses-Alpes, où Bonnefoy a tenté de restaurer une ancienne abbaye pendant de nombreuses années.
2. *Rue Traversière*, pp. 67-68 et 70-74. Ces deux textes sont précisément examinés par Patrick Née, dans *Poétique du lieu dans l'œuvre d'Yves Bonnefoy ou Moïse sauvé*, PUF, 1999, pp. 53-58
3. *Rue Traversière*, p. 69.

« des aciéries » à celui du « jardin botanique », avant de mener plus loin encore, vers des « toits » et « soudain un quartier de boutiques basses et sombres ». Elle est donc un chemin qui mène du père, l'ouvrier des aciéries, à sa disparition finale dans le texte, la mère étant devenue « immense ». Elle n'est plus alors un lieu quelconque, mais bien le lieu incarné d'une histoire familiale. Or le glissement qu'opère le texte est à plusieurs titres surprenant. La seconde phrase introduit en effet une ambiguïté importante : « une mère des aciéries ». Alors que « des aciéries » se révèlent être un complément du verbe mener — les parents ont mené l'enfant « des aciéries » au jardin botanique — il paraît d'abord caractériser la mère — « une mère des aciéries » — sans que l'on sache bien ce que cela signifierait. C'est dire que ce qui devrait être propre au père s'efface déjà au profit de la mère. La fin du texte, outre bien sûr qu'elle confirme cet effacement, introduit un nouvel élément : « la mère est immense près du garçon qui grandit ». Si le temps s'est accéléré, le « petit enfant » du premier paragraphe devenant un « garçon qui grandit », la place de la mère semble s'être aussi démesurément accrue. On voit alors que la « rue Traversière » remplit un rôle imaginaire complexe : elle n'est pas seulement un passage géographique, une rue qui traverse des quartiers — même si ce ne sont pas *ces* quartiers qu'elle traverse dans la *réalité* —, elle est aussi une traversée du temps, qui mène de la petite enfance à l'adolescence sans père. Aussi faut-il être attentif au paragraphe central, qui est le lieu même de ce glissement, dans la mesure où c'est le paragraphe qui énonce le passage, « une main qui tend à une autre main une pierre ». Ce texte permet donc de bien comprendre que la question de la réalité biographique du lieu ne se pose pas : c'est sa *vérité* qui importe, c'est-à-dire ce qu'il représente dans l'imaginaire, et que le texte permet de mettre en forme, de faire affleurer. Aussi les lieux, réels ou non, n'importent chez Bonnefoy que dans la mesure où ils atteignent à un degré de vérité. Le « ravin[1] », motif fréquent du lieu, et son double inversé, le « haut du monde[2] »,

---

1. *Poèmes*, p. 161, *Les Planches courbes*, pp. 43-47.
2. *Ce qui fut sans lumière*, pp. 74-80, *La Vie errante*, p. 59.

ont à cet égard autant de *vérité* que la « rue Traversière » ou la « Chapelle Brancacci », même s'ils ne se réfèrent à aucun lieu *réel*.

■ L'arrière-pays

À l'évidence, on ne saurait parler du lieu chez Bonnefoy sans évoquer par ailleurs « l'arrière-pays ». Car si la vérité d'un lieu relève de sa capacité, réelle ou imaginaire, à fixer dans son espace propre l'inscription de la finitude, il n'en reste pas moins qu'il existe chez Bonnefoy, à l'image de l'« ailleurs » baudelairien ou du « là-bas » mallarméen, une rêverie de dépassement. Le fleuve, on l'a dit, sépare les deux rives que le passeur réunit ; la « rue Traversière » mène d'un monde à un autre. Il y a donc un autre du lieu, qu'il nous faut préciser afin de comprendre en quoi il ne s'agit pas pour autant d'un au-delà, même si Charon a fait un temps figure de passeur. Les premières lignes de *L'Arrière-pays* fournissent quelques éléments de réflexion :

> *J'ai souvent éprouvé un sentiment d'inquiétude, à des carrefours. Il me semble dans ces moments qu'en ce lieu ou presque : là, à deux pas sur la voie que je n'ai pas prise et dont déjà je m'éloigne, oui, c'est là que s'ouvrait un pays d'essence plus haute, où j'aurais pu aller vivre et que désormais j'ai perdu*[1].

Le lexique employé par Bonnefoy est marqué par la rêverie post-romantique de l'au-delà ou du « là-bas ». Mais ce « pays d'essence plus haute » ne relève à l'évidence pas d'une réalité, ni d'un autre degré de réalité *post mortem*, mais seulement d'une potentialité (« j'aurais pu ») qui n'a pas été réalisée (« et que désormais j'ai perdu »). La rêverie du lieu ne relève alors plus d'une topographie imaginaire, mais d'une biographie imaginaire. L'inquiétude vient moins de ce qu'il y aurait derrière cette colline ou là-bas, à l'horizon, que de ce qu'on aurait pu y faire ou y devenir. Et en ce sens l'« arrière-pays » ne désigne aucune localisation spatiale, mais davantage la possibilité révolue d'une localisation temporelle. Il y a les chemins empruntés de la vie, et les « chemins cherchés, chemins perdus, transgressions », comme eût dit Michaux. La fonction de la rêverie de

---

1. *L'Arrière-pays*, p. 7.

l'« arrière-pays » est alors d'explorer ces chemins : non pas d'en réaliser les potentialités, ce qui serait croire que l'écriture peut remplacer la vie, mais d'essayer d'en comprendre pourtant les émotions, d'y saisir la présence qui s'est échappée des chemins empruntés. À cet égard, l'« arrière-pays » complète le « vrai lieu » comme une rive du fleuve regarde l'autre : il est ce qui lui fournit son ambiguïté, ce qui le met en tension. Il est aussi une forte inscription du lieu dans le temps, et en l'occurrence dans le temps passé. En effet, il s'agit là d'essayer de comprendre ce qui *aurait été*. Les recueils plus récents d'Yves Bonnefoy, et en particulier *Les Planches courbes*, nous en donnent donc davantage d'illustrations, dans la mesure où leur part autobiographique est plus grande. Ainsi peut-on considérer que « la maison natale » est un arrière-pays. Qu'entendons-nous par là ? D'une part et très simplement, qu'il s'agit bien d'un lieu de l'« arrière » du temps ; mais la « rue Traversière » pourrait relever aussi de cette caractérisation, qui est insuffisante. D'autre part et surtout, que ce lieu est pris dans le rêve[1], et non comme un moyen de mise à jour de l'imaginaire, comme l'était la « rue Traversière », mais d'expression si ce n'est du regret, du moins d'un désir inabouti. Si la vérité d'un lieu tient bien à l'inscription en lui de la finitude, de la chair, et partant du désir, l'« arrière-pays » s'en distingue en cela que le désir ne peut jamais y aboutir. Il relève bien, par cette structure, d'un au-delà inatteignable, même s'il en diffère radicalement dans sa nature, puisqu'il n'est pas une idéalité. Et l'on voit alors combien la question du lieu, sous ses formes diverses, relève chez Bonnefoy de celle du corps : le lieu n'existe qu'en tant qu'il est le lieu d'un désir, que celui-ci puisse s'incarner ou reste inabouti. Au confluent des notions de corps, de corps du monde, de chair, de désir, de lieu[2], s'établit la poétique d'Yves Bonnefoy, et s'installe sa parole.

---

1. Il faut distinguer là le lieu rêvé, « c'était la maison natale », *Les Planches courbes*, pp. 83, 84, 85, marqué par l'emploi d'un passé inaccompli, du lieu réel, « c'est bien la maison natale », *Les Planches courbes*, p. 92, qui fait un constat présent.
2. Très directement, ces notions relèvent de l'appareil conceptuel de la phénoménologie, depuis Husserl. Si l'usage qu'en fait Bonnefoy est très particulier, et ne saurait être ramené sans d'infinies précautions à ces concepts philosophiques, du moins la question se pose-t-elle très légitimement des rapports de sa poétique avec la phénoménologie, française en particulier.

Aussi nous faut-il maintenant envisager la façon dont le langage même, le matériau de la poésie, est pris en compte par Yves Bonnefoy.

IV. Langage et image

■ La désécriture

Pour comprendre la position du langage dans la poétique d'Yves Bonnefoy, il faut d'abord revenir un instant sur les liens du langage au réel. Car le procès qui a été fait au concept relève d'une critique plus générale du langage même. Les mots ne désignent qu'imparfaitement les choses. Mallarmé a posé le problème dans toute sa complexité : « Je dis : une fleur ! et, hors de l'oubli où ma voix relègue aucun contour, en tant que quelque chose d'autre que les calices sus, musicalement se lève, idée même et suave, l'absente de tout bouquet[1]. » D'une part, le mot ne renvoie qu'à une absence ; en tant que tel, on comprend combien il est décevant et même, du point de vue de Bonnefoy, dangereux. Mais simultanément, ce qui « musicalement se lève » dans la nomination est une « idée même et suave ». Il y a donc une fascination pour cette construction du langage, fût-elle coupée du monde. Le travail poétique d'Yves Bonnefoy va alors consister, d'une part, à tenter de réduire l'écart qui sépare le langage du réel, afin de saisir la présence, tout en conservant le désir d'une beauté qu'on sait cependant illusoire, puisqu'elle tend à s'autonomiser. Le premier stade du rapport au langage est donc la tentative de le rapprocher du réel. Qu'est-ce que cela signifie ? On l'a vu, cela légitime le choix du simple, *a contrario* du conceptuel. Mais davantage encore, cela nécessite d'inscrire à même le langage la finitude, c'est-à-dire l'imperfection. Dès lors, Bonnefoy va se livrer à un véritable travail de désécriture, qui consiste à défaire dans le langage toutes les formes illusoires de la perfection. Plusieurs stades peuvent être différenciés dans ce processus : le premier consiste en l'affirmation même de cette nécessité ; le second réside

---

1. Stéphane Mallarmé, *Œuvres complètes*, Gallimard, « Bibliothèque de la Pléiade », p. 386.

Approches thématiques

dans ce que nous avons nommé la poétique du simple, qu'il s'agisse du lexique ou de la prosodie — rappelons par exemple l'emploi de l'alexandrin « boiteux » ; le dernier relève au sens propre d'une « désécriture », c'est-à-dire des moyens possibles pour que le travail effectué sur le langage en change sinon la nature — ce serait un leurre que d'y croire — du moins la réception par le lecteur, afin qu'y surgisse tout de même la présence.

La quête de l'imperfection — dont on voit combien elle est liée au processus de la mort chez Douve, par exemple, mais plus largement à toutes les formes de dévastation — se donne à lire de façon tout à fait explicite dans ce poème :

L'imperfection est la cime[1]
Il y avait qu'il fallait détruire et détruire et détruire,
Il y avait que le salut n'est qu'à ce prix.
Ruiner la face nue qui monte dans le marbre,
Marteler toute forme toute beauté.
Aimer la perfection parce qu'elle est le seuil,
Mais la nier sitôt connue, l'oublier morte,
L'imperfection est la cime.

Le titre, répété dans le dernier vers, assène l'affirmation comme le premier vers le faisait déjà, ainsi que la succession des verbes de destruction, « détruire », « ruiner », « marteler », que reprennent comme en écho « nier » et « oublier ». Les figures de la perfection, le « marbre » et même la « forme », sont l'objet de cette négativité en acte, qui se veut à la fois systématique — « toute forme toute beauté » — et nécessaire — « le salut n'est qu'à ce prix ». Et l'ambiguïté est pourtant d'emblée affirmée, puisqu'il faut « aimer la perfection » au moment même où l'on se livre à son saccage, et où l'on affirme la position prééminente de « l'imperfection ».

Comment faire alors pour que « l'imperfection » soit « la cime » ? Le lexique du simple et l'emploi particulier qui est fait de la prosodie ne suffisent pas. Encore faut-il d'abord les rendre sensibles, comme dans ces deux derniers vers

---

1. *Poèmes*, p. 139.

du poème « L'arbre, la lampe[1] » : « Tu sais que c'est l'obscur de ton cœur qui guérit,/La barque qui rejoint le rivage et tombe. » Le premier de ces vers, un alexandrin, voit sa régularité encore accrue par le glissement de l'allitération initiale, en [s] (« Tu sais que c'est l'obscur »), à l'allitération finale, en [r] (« l'obscur de ton cœur qui guérit »), par le biais intermédiaire des [k] (« que c'est l'obscur de ton cœur ») ; or le second vers mime d'abord cette régularité, par sa coupe 6/5 qui laisse d'abord croire que le vers sera alexandrin, et par la reprise du réseau allitératif des [r] et des [k] (« barque qui rejoint le rivage »). Mais la dernière syllabe, celle qui ferait du vers un alexandrin, celle qui inscrirait la perfection, manque : le poème le dit, cette syllabe « tombe ». Et sans doute faut-il aussi lire dans le choix de ce verbe l'inscription de la mort, c'est-à-dire à la fois de la finitude et de l'imperfection dans le vers, et de la mise à mort du vers[2]. La désécriture la plus manifeste de l'œuvre se trouve dans l'exemple suivant[3] :

Oui, par la voix
Violente contre le silence de,
Par le heurt de l'épaule
Violemment contre la distance de

Non seulement la violence est dite et de nouveau scandée (« Violente contre » devenant « Violemment contre »), mais encore elle en vient « par la voix » ou « par le heurt de l'épaule » à défaire même la syntaxe. « Contre le silence de » et « contre la distance de », dont les sonorités se reprennent pour accentuer encore la scansion déjà notée, ne mènent à rien qu'une aporie* : la préposition « de » n'introduit aucun complément, et comme manquait une syllabe pour faire un alexandrin, manque un mot pour que la phrase soit complète. Cet exemple est cependant une exception dans l'œuvre. Nulle part ailleurs, à notre connaissance, la syntaxe n'est à ce point malmenée, nulle part ailleurs le sens à ce point dissous. Nombreux sont en revanche les exemples dans lesquels le travail syntaxique mène, sinon à une aporie*, comme précédemment, du

---

1. *Poèmes*, p. 223.
2. Nous empruntons en partie cette analyse à Jérôme Thélot, *op. cit.*, p. 39.
3. *Poèmes*, p. 318.

moins à une hésitation du sens, et comme un tremblement dans lequel se donnerait la présence. Examinons par exemple ce texte : « à moins qu'une image, et cette fois il suffirait d'une seule, ne soit, par quelque alchimie d'avant la seconde ultime, purifiée, lavée de, comment dire — car ici la voix avait hésité, assurait-on, cherchant un mot, purifiée, lavée, de son être — de sa différence — d'image[1]. » Plusieurs procédés concourent ici à l'hésitation du sens. L'hésitation elle-même, désignée comme telle, dans la voix de celui qui est censé raconter le récit initial[2] ; puis l'écho des différents récits, puisqu'à un premier narrateur, celui dont « la voix avait hésité », fait suite un second, indéterminé, désigné par le « on », et enfin un troisième, qui relate l'ensemble : l'indétermination de la narration participe évidemment à la déroute du sens, puisque plus personne, en quelque sorte, n'en assume clairement la charge ; la syntaxe elle-même, par l'accumulation des précisions, provoque un retard et une attente du sens de la proposition principale ; enfin, la suspension proprement dite, qui laisse dans un premier temps « lavée de » sans complément, avant dans un second temps de reprendre la phrase, mais sur une nouvelle hésitation, d'une autre forme : « lavée, de son être — de sa différence — d'image ». Le sens s'est d'abord dérobé dans le manque à dire les choses (« comment dire »), pour finir dans un surplus qui n'est guère moins problématique, l'« être » étant alors assimilé à la « différence[3] ». On le voit, l'enjeu de tous ces procédés est de mettre à mal le langage, c'est-à-dire à la fois d'empêcher qu'il se constitue en système autonome, figé, et partant, dogmatique, et d'inscrire en son sein la finitude et l'imperfection.

■ Le procès de l'image

Le procès fait au langage trouve un écho dans celui fait à l'image, dont il nous semble qu'il relève d'une problématique similaire, à condition de

---

1. « L'artiste du dernier jour », *Rue Traversière*, p. 117.
2. Remarquons que, comme dans le texte précédent, « la voix » provoque la dislocation syntaxique ; c'est dire que la déroute du sens est comme assurée par la mise en corps, en voix, de la parole.
3. Il serait tout à fait excessif de voir là une rencontre entre Bonnefoy et Derrida.

comprendre ce que Bonnefoy nomme « image ». Citant volontiers Baudelaire, Bonnefoy avoue sans détour sa « grande, [s]on unique, [s]a primitive passion » pour les images. Et l'on aurait d'ailleurs quelque difficulté à penser autrement, tant est importante dans son œuvre la part prise par les images, aussi bien dans le travail critique que poétique. De quoi s'agit-il donc ? De même que le langage offre des ressources qui permettent de tenter de saisir le monde, il est un risque quand il s'enferme dans son propre système, et que le texte en vient à s'autonomiser. L'image ne fonctionne pas autrement : elle est l'un des modes les plus puissants de l'incarnation, mais quand elle en vient à se mirer elle-même, quand elle oublie qu'elle n'est qu'un reflet pour se substituer au monde, alors elle devient ce que Bonnefoy nomme un « monde-image », et ce qu'il dénonce avec vigueur, notamment dans la leçon inaugurale qu'il fit au Collège de France[1]. Le travail sur le langage — travail de « désécriture », travail de doute — avait pour double objectif de se déprendre des leurres, mais en gardant vif l'amour des mots ; il n'en va pas autrement pour les images, ce qui explique à la fois l'attention exceptionnelle d'Yves Bonnefoy aux grandes œuvres picturales et à celles de ses contemporains. Se déprendre de ce qui, dans l'image, non pas est une illusion — toute image est une illusion — mais nous ferait oublier qu'il s'agit d'une illusion ; et dès lors, valoriser *a contrario* les œuvres qui ont su conserver en elles la conscience de cette illusion, sans renoncer pour autant à la beauté. Cette critique de l'image, qu'on peut bien sûr voir se développer dans les textes critiques, a aussi une place prépondérante dans l'œuvre poétique. Les *Remarques sur la couleur*, intégrées aux *Récits en rêve*, ou les *Remarques sur le dessin*, qui font suite à *La Vie errante*, confirment un souci qui s'exprime aussi dans l'importante figure de Zeuxis, et dans nombre de textes versifiés, tels « Sur une Pietà de Tintoret[2] », « Psyché devant le château d'Amour[3] » ou « De vent et de fumée[4] ».

---

1. Publiée sous le titre *La Présence et l'Image*.
2. *Poèmes*, p. 247.
3. *Ce qui fut sans lumière*, p. 73.
4. *La Vie errante*, pp. 91-99.

Examinons précisément l'expression de ce soupçon. L'une des formes les plus frappantes du péché, si l'on peut dire, de l'image, de la faute inscrite à même l'image, se trouve dans le texte « Le vautour[1] ». Un peintre semble ne plus parvenir à finir un tableau : « Que de tableaux avaient paru, avant celui d'à présent, s'étaient attardés, nous avaient semblé finis, et si beaux — puis s'étaient défaits dans le surgissement de quelque autre ! » Et le peintre finit par expliquer qu'à chaque fois, un vautour apparaît dans le tableau : « Le vautour était là, tranquille. Les genoux nus de la Vierge, ses cheveux qui tombaient en boucle sur ses épaules, sa couronne étincelante de pierres, son sourire auquel répondait dans ses bras tout ce beau visage enflammé ceint de raisins et de pampres, c'étaient les ailes et les griffes, c'étaient le cou et le bec étrange d'un immense vautour totalement dégagé de la pénombre d'un arbre sur lequel il était penché, vers la cime, regardant fixement je ne sais quoi hors du monde. Je poussai un cri, de douleur. » Ce récit renvoie bien sûr à un ouvrage de Freud consacré à Léonard de Vinci[2], et au tableau du musée du Louvre, *Sainte Anne, la Vierge et l'enfant Jésus*. La forme d'un vautour se dessine en effet, comme couché dans la robe de la Vierge. L'interprétation de ce tableau par Freud a d'autre part donné lieu à une polémique célèbre à la suite d'un article de l'historien d'art Meyer Shapiro. Mais les détails de ce contexte nous intéressent peu ici, sinon que le choix du vautour dans le tableau par Bonnefoy est un évident renvoi à la psychanalyse, qu'il faut tenter de comprendre. Que signifie ici ce vautour ? Freud l'interprétait comme l'expression d'un souvenir d'enfance inconscient du peintre, peu importe lequel. Peut-il s'agir ici d'un souvenir d'enfance du peintre interne au récit ? On voit mal quel en serait l'intérêt, puisque le récit ne donne lieu à aucune investigation psychologique, ni à aucun approfondissement réel du personnage. En revanche, que le vautour représente un surgissement de l'inconscient est fort probable : mais de quel inconscient s'agit-il ? Ni de celui du peintre, on vient de le dire, ni de celui de Bonnefoy — quels éléments permettraient d'avancer une telle hypothèse ? —, mais davantage de celui de la

---

1. *Rue Traversière*, pp. 107-109.
2. Sigmund Freud, *Un souvenir d'enfance de Léonard de Vinci*.

peinture même. Et l'inconscient de la peinture, ce serait la tentation, toujours présente à partir du moment où un individu prend un crayon ou un pinceau et décide de représenter quelque chose, de regarder, comme le fait ce vautour, « hors du monde ». L'inconscient de la peinture, et on trouverait un inconscient similaire pour l'écriture, ce serait ce que Bonnefoy nomme péjorativement la tentation de « l'art », c'est-à-dire celle de s'abstraire du monde pour construire une perfection close. Entendons-nous bien : la peinture abstraite, par exemple, n'est pas du tout en cause ici ; ce que Bonnefoy appelle l'art, c'est toute représentation qui devient son propre objet, en oubliant le monde. Et que le tableau soit ou non « réaliste », il est tenté de s'autonomiser ; qu'il soit ou non réaliste, il a pourtant devoir de garder souvenir du monde.

Un autre texte permet d'approfondir cette approche de l'image. Dans « L'artiste du dernier jour[1] », Bonnefoy imagine une curieuse fin du monde : « le monde allait finir, brusquement, car — semblait avoir crié une voix — dans quelques semaines, dans quelques jours, peut-être dans quelques heures, l'ensemble des images qu'a produites l'humanité aurait passé en nombre celui des créatures vivantes. » On voit bien là que le péché de l'image, c'est de se substituer au monde, et donc de former en soi un monde propre, au déni du monde réel et des « créatures vivantes ». Mais alors, comment conserver à l'image l'attention qu'on sait que Bonnefoy lui porte, comment « sauver » l'image, et dans notre récit, comment sauver le monde ? Il faudrait, dit le texte, « que, tout d'un coup, cette figure ne montre plus, ne dise pas, ne suggère rien, ne soit plus la rivale illicite de ce qui est — *soit*, elle-même et tout simplement, comme les images jamais ne furent, qui se dédoublent sans fin, se déchirent, renaissent, dans l'espace de la parole, *soit* comme l'arbre ou la pierre sont, dans l'ignorance d'eux-mêmes. » Quel serait l'être de l'image sauvée, et de l'image du salut ? Non pas un être autonome — comprendre qu'elle « *soit*, elle-même et

---

1. *Rue Traversière*, pp. 115-119. « Le vautour », « La mort du peintre d'icônes » et « L'artiste du dernier jour » ont d'abord paru ensemble, sous le titre *L'Artiste du dernier jour*, dans une édition bilingue espagnole : l'ordre des textes était inversé, et le texte central avait simplement « l'icône » pour titre. Ils ont ensuite été intégrés aux *Récits en rêve*.

tout simplement » comme une autonomisation de l'image par rapport au monde est un contresens — mais un être réel, et qui s'ignore. L'image n'aurait plus alors à se substituer, puisqu'elle tenterait seulement d'être ; elle n'opérerait plus par illusion — faire comme — mais par incarnation. Et le processus, comme souvent chez Bonnefoy, est à double face ; l'image ressemblerait à Moïse : sauvée parce qu'incarnée, elle serait aussi le salut. Là est donc toute l'ambiguïté du rapport de Bonnefoy à l'image, dont on voit maintenant en quoi elle redouble la question de son rapport au langage. L'expression artistique, quelle qu'elle soit, relève du même risque — croire que l'art peut remplacer le réel et la vie ; mais quelle qu'elle soit, elle propose aussi un salut — incarner le monde et dénoncer les leurres qui l'oblitèrent sans cesse ; quelle qu'elle soit enfin, elle est un espoir et un désir, fût-ce un désir de l'idéal qu'elle a dénoncé.

■ La vérité de parole

Or, concernant le langage, il est dans l'œuvre d'Yves Bonnefoy un désir récurrent, lié au manque inhérent au langage. On l'a dit, les mots ne savent désigner exactement les choses, et le rapport des mots aux choses est même, selon la linguistique, un rapport arbitraire[1]. Ce manque du langage, qui le rend, sinon impuissant, du moins en partie inadapté à la saisie et à la restitution du monde, la poésie s'est souvent donné pour mission de le combler. Mallarmé considérait ainsi que le vers servait à « rémunérer le défaut des langues ». Et il est chez Bonnefoy une rêverie de la langue, pour tenter de combler ce manque, rêverie éminemment cratyliste : les mots et les choses y seraient liés par un rapport nécessaire, ontologique*. Tel est le propos d'*Une autre époque de l'écriture*[2], repris en poche dans *La Vie errante*. Le narrateur et « cet ami de là-bas » s'entretiennent du langage, l'ami parlant d'« un temps où nous avions une idée tout autre de l'écriture, à moins que ce ne soit du langage. » Il s'agit d'une écriture qui noterait les phonèmes, mais non comme l'écriture alphabétique : « nous

---

1. La théorie de l'arbitraire du signe, que l'on doit à Ferdinand de Saussure, est au fondement même de la linguistique moderne.
2. *La Vie errante*, pp. 129-162.

représentions le son *a*, disons, par une jarre que nous gardions près de nous, dans l'espace même où l'on naît et où l'on meurt. » On voit que la construction est assez complexe : ce ne sont pas les mots qui seraient les choses, ou qui seraient liés aux choses par un rapport nécessaire ; ce sont les lettres qui seraient des choses. Par là, cet ami entend combler « l'écart qui vous inquiète entre le signe et la chose. » Mais l'écriture proposée n'est pas sans problème, « car bien difficile était la lecture, y avez-vous pensé, et par conséquent bien longue, et bien absorbante, tant les signes étaient complexes, et leurs emplois. » À cette difficulté s'en ajoute une seconde : « c'est que beaucoup des choses qui se présentaient à nos yeux ne signifiaient nullement […] En fait, une faible part seulement de nos référents dans le monde eurent, cela ne vous étonnera pas, valeur de lettre, bien que l'alphabet ait varié, et à des moments assez vite, laissant derrière soi beaucoup de signes désaffectés ». En confondant ainsi les lettres et les choses, non seulement la lecture est devenue improbable, parce que son ordre n'apparaît plus, mais encore elle est devenue impossible, parce que tout le réel ne signifie pas, ou du moins tout dans le réel n'est pas signe. Plusieurs voies s'offrent alors pour sortir de cette impasse du langage, dont finalement « un texte pour retrouver la voix seule, la voix en paix avec ces sons, ces phonèmes, qui ne sont peut-être pas notre démesure, après tout, notre abstraction arrogante, mais simplement l'écart le plus minime possible qu'on ait trouvé, hors la prédation, entre l'esprit et le monde… » Le retour à la voix s'opère donc d'une façon très curieuse : c'est un texte qui le permet. D'autre part, dans l'effacement de l'écriture — quand bien même elle serait une notation non par des lettres mais par des choses — ne se défait pas le rapport de nécessité visé : « la voix humaine est comme la flûte de Pan un instrument presque naturel, un souffle où se prend le corps et avec lui toute la nature, et qu'ainsi les phonèmes n'ont rien en eux d'arbitraire : bien plus que le reflet de ce qui est ils en seraient une part, intimement associée à nombre d'aspects de la chose dite par la voie de correspondances ». Mais cette dernière évolution du langage ne permet davantage de saisir le monde, puisque « c'étaient les objets eux-mêmes qui se retiraient tellement au sein de leur forme désormais vidée de tout sens qu'ils n'étaient plus pour moi, en effet, des signes, mais pas davantage rien de ce monde. » La rêverie d'un langage nécessaire n'aboutit donc pas : irréductiblement, les mots ne peuvent être des choses, quelque part qu'ils prennent, par leur mode de notation, par leur existence phonétique, peu importe, au réel. Mais cet aveu d'échec — qui est d'abord une lucidité — n'invalide pas pour autant la rêverie : celle de mots dans lesquels se donneraient simplement les choses.

Ce rêve d'une « vérité de parole[1] » doit donc être examiné sous un nouvel angle. Le mythe cratyliste a vécu : aussi tentant qu'il ait été, il n'était qu'un leurre de plus, qu'une illusion de nécessité dans laquelle se perdait de nouveau le langage. Mais le renoncement à ce mythe invalide-t-il pour autant l'ambition de la « vérité de parole » ? Une conférence de 1986, reprise dans les *Entretiens sur la poésie*[2], affirme l'inverse avec force : « on a bien le droit de dire, en dépit de la critique des sémiologues, que la poésie peut prétendre à la vérité. » Mais la vérité visée n'est certes pas celle de la science, qui s'exprime par le biais du langage conceptuel, mais celle de « préoccupations d'existence simple, restées au plus près du désir d'être. » On le comprend bien, c'est ce qu'ailleurs Bonnefoy nomme la présence. Et sans se méprendre sur les mensonges du langage desquels la poésie n'est pas exempte, Bonnefoy estime la poésie « nécessaire », parce qu'elle seule envisagerait « l'expérience de l'Un » ; il l'estime aussi « légitime », répondant notamment à l'interrogation d'Adorno sur la possibilité de la poésie après Auschwitz ; il l'estime enfin « possible », malgré la technicisation outrancière de la société. Car la poésie a pour Bonnefoy une fonction sociale : elle est ce qui permet de sauvegarder le langage de la technique, de conserver par conséquent au langage une valeur qui ne soit pas seulement fiduciaire. Aussi a-t-il des mots assez durs à l'égard du structuralisme*, dans la mesure où c'est ceux-là mêmes qui prétendaient aimer la poésie qui lui ont porté, lui semble-t-il, les coups les plus violents. La théorie du texte pour lui-même, de

---

1. Il s'agit du titre du troisième volume de *L'Improbable*, qui regroupe des textes critiques consacrés à la poésie.
2. « Poésie et vérité », *Entretien sur la poésie*, pp. 253-275.

l'autonomisation du texte, a coupé la poésie de sa racine même, qui est le réel. En succédant à Roland Barthes au Collège de France, sur une chaire que Valéry avait occupé auparavant, Bonnefoy s'est nettement inscrit en faux. Valéry : coupable d'avoir fait de Mallarmé le poète de la « notion pure », en oubliant par exemple la sensualité du faune ; coupable aussi d'avoir prétendu que la poésie était un exercice, c'est-à-dire une technique, au détriment de sa vérité profonde ; coupable par là d'avoir pour longtemps dévalué la poésie. Barthes : coupable d'avoir institué le texte comme seule fin, en oubliant la vie ; coupable alors d'avoir réduit la poésie à des jeux de langage. Mais l'un et l'autre pourtant fascinés par la langue, l'un et l'autre révélant dans leurs textes, malgré eux peut-être, qu'une vérité surgissait là, vérité de l'expérience, de l'émotion. Aussi Bonnefoy considère-t-il qu'à l'évidence, les apports du structuralisme*, ou du déconstructionnisme* en philosophie, auquel il adresse des reproches similaires, sont indéniables, et qu'il serait non seulement vain, mais même ridicule de n'en pas tenir compte ; mais que pour autant, ce qui est de l'ordre d'un apport dans les connaissances ne relève pas d'une logique similaire à celle de la poésie, qui est un apport dans l'expérience sensible.

La section des *Planches courbes* « Dans le leurre des mots[1] » apporte encore quelques précisions à ce que serait cette « vérité de parole ». Il y a bien, d'une part, le « leurre des mots », cette méfiance envers le langage qui est une constante de l'œuvre d'Yves Bonnefoy, mais de laquelle on ne saurait tenir la poésie pour seule responsable :

Ô poésie,
Je sais qu'on te méprise et te dénie,
Je sais qu'on t'estime un théâtre, voire un mensonge,
Qu'on t'accable des fautes du langage,
Qu'on dit mauvaise l'eau que tu apportes
À ceux qui tout de même désirent boire
Et déçus se détournent, vers la mort.

---

1. *Les Planches courbes*, pp. 69-80.

Si Bonnefoy récapitule ici à la fois les reproches faits au langage, et les risques qu'encourerait une poésie oublieuse de ses devoirs, il souligne pourtant la permanence du désir, et la nécessité d'y répondre. Or seule la poésie lui paraît en mesure d'épancher le désir de « ceux qui cherchent/À faire être le sens malgré l'énigme » :

> *Écoutez la musique qui élucide*
> *De sa flûte savante au faîte des choses*
> *Le son de la couleur dans ce qui est.*

Le sens relève ici d'une « musique ». Non seulement une telle proposition n'est pas nouvelle sous la plume d'Yves Bonnefoy, mais encore elle rapproche ici « la musique » d'une « flûte savante », qui n'est évidemment pas sans rappeler « la musique savante » de Rimbaud. Et si celle-ci, sous la plume du jeune poète « manqu[ait] à notre désir », il semble qu'au contraire, chez Bonnefoy, elle soit là pour le combler. De quelle façon ? En proposant, d'une part, une « élucid[ation] », c'est-à-dire quelque chose qui relève d'une vérité ; d'autre part, « au faîte des choses », c'est-à-dire ancrée dans le réel — en cela, Bonnefoy se fait toujours le « paysan » qu'appelait Rimbaud de ses vœux ; enfin, une vérité du « son de la couleur dans ce qui est ». Cette dernière expression opère comme une montée en puissance de cet objet que nous cherchons, la vérité de parole : le « son », qui est la chair même du langage par le biais de la voix, est lié à la « couleur », incarnation de la vie dans l'image, pour aboutir à l'être. On voit alors que cette notion de vérité de parole, si chère à Bonnefoy, ne peut avoir d'autre expression que poétique, et qu'en tant que telle, elle restera sans doute toujours obscure à ceux qui n'entendent que le langage de la technique, mais que dans le même temps, elle est d'une haute ambition, puisqu'il s'agit pour elle, non pas de « rémunérer le défaut des langues », leurre obsessionnel de la poésie, mais au moins d'épancher le désir qui anime encore certains, désir de l'être, désir d'un langage qui dise l'être, et désir des deux notions empruntées à Keats, « beauté et vérité ». Toute la première partie du poème s'articule autour de ces deux notions :

> *Et qu'unité prenne et garde la vie*
> *Dans la quiétude de l'écume, où se reflète,*
> *Soit beauté, à nouveau, soit vérité, les mêmes*
> *Étoiles qui s'accroissent dans le sommeil.*

Nous retrouvons là l'ambiguïté fondamentale de la poétique de Bonnefoy. La beauté, il est aisé de le comprendre, participe pleinement au « leurre des mots » : elle trompe d'autant plus efficacement qu'elle séduit, et qu'elle propose un rêve en lieu et place d'un réel souvent décevant. Mais l'alliance de ces deux notions, en apparence contradictoires, permet de les approfondir. Il est une autre beauté, qui est vérité, non pas au sens où le Beau est nécessairement vrai comme chez Platon, mais au sens où cette « beauté, suffisante beauté, beauté ultime/Des étoiles sans signifiance, sans mouvement », est liée chez Bonnefoy au simple du monde, c'est-à-dire à sa vérité première. N'est pas nécessairement vrai ce qui est beau, mais est nécessairement beau ce qui est vrai. Le couple « beauté et vérité » a alors pour fonction de dépasser le « leurre des mots », en sachant lire en eux l'expression de la vérité de parole.

V. La poésie est le salut

■ Le salut malgré les mots

Si une telle possibilité, l'alliance de la beauté et de la vérité, est accordée à la poésie, alors dépend d'elle, comme de nombreux exemples nous l'ont déjà montré, le salut. Moïse sauvé et sauveur, le salut de l'image devenant aussi le salut du monde, toutes ces figures doubles nous ont habitué au fonctionnement souvent ambigu, parfois paradoxal, de la poétique d'Yves Bonnefoy. La question du salut ne peut être envisagée autrement, car s'il est besoin d'un salut, c'est d'abord du fait d'une faute, et singulièrement, de la faute du langage. Nous sommes condamnés à pécher, et à pécher par le concept notamment, parce que nous sommes des êtres de langage, c'est-à-dire des êtres césurés d'avec le monde. Mais c'est seulement par le langage que nous pouvons être sauvés. Il

Approches thématiques

n'y a là qu'un paradoxe apparent : puisque nous sommes des êtres de langage, nous ne trouverons de salut que par le langage, ou pas. Telle est l'alternative que propose l'emprunt à Shakespeare qui ouvre *Dans le leurre du seuil* : « *They look'd as they had heard of a world ransom'd, or one destroyed.* » Ce monde « rédimé* » est un fait de langage (« *had heard* »), comme ce monde « détruit ». Mais il faut évidemment introduire une distinction entre les usages du langage. Le langage de la technique est celui du monde détruit, il ne comblera jamais la césure, il ne fera que l'accroître en retardant toujours la venue d'un sens possible. Le langage de la poésie est celui du monde rédimé*, mais c'est un langage d'un autre ordre, et un langage, on l'a vu, qui n'a de cesse de mettre en cause tout langage. On pourrait alors dire que la poésie, si elle est pour Bonnefoy le moyen du salut, l'est nécessairement *par* les mots, et l'est tout autant *malgré* les mots. On comprend mieux alors l'importance des rêveries dont l'objet est une sortie du langage ou de la représentation : c'est l'une des solutions envisagées dans *Une autre époque de l'écriture*, c'est aussi l'aboutissement des « Planches courbes », puisque le géant dit à l'enfant qu'il « faut oublier les mots[1] », c'est encore ce que désigne un titre comme « L'aube d'avant le signe[2] ». Dans la mesure où ce que Bonnefoy nomme la présence ne relève pas du langage — d'où la difficulté, voire l'impossibilité, du langage à la saisir — il paraît séduisant et logique de désirer un avant ou un ailleurs, peu importe, du langage. Il faut bien comprendre, on l'a vu avec la tentation cratyliste*, que Bonnefoy n'a pas la naïveté de croire en la réalité de cet ailleurs : rien n'empêche cependant ni d'y rêver, ni d'en faire l'hypothèse théorique.

Et de nouveau, à ce point de l'examen de la poétique d'Yves Bonnefoy, notre chemin croise les voies de la phénoménologie*. Car la présence, si elle relève bien de quelque chose d'extérieur au langage, voire d'antérieur, dans la mesure où un enfant la saisit intuitivement alors même qu'il ne dispose pas encore du langage, ou du moins pas dans sa totalité, la présence donc relèverait assez précisément de ce que Merleau-Ponty nomme la « nappe pré-langagière de la

---

1. *Les Planches courbes*, p. 104.
2. *Rue Traversière*, p. 148.

conscience ». Que faut-il entendre par là ? À la fois une antériorité logique et chronologique : il y a d'abord la conscience telle que l'enfant la développe *avant* le langage, c'est l'antériorité chronologique ; il y a ensuite la conscience *sur laquelle* se développe le langage, c'est l'antériorité logique. Sans entrer précisément dans la théorie de Merleau-Ponty, il semble que Bonnefoy désigne un point identique de la conscience, quand il appelle de ses vœux à oublier les mots. Il s'agirait de revenir à cette saisie immédiate du monde, qui n'est pas entachée des fautes du langage. Plusieurs moments sont propices à ce retour, qui relèvent tous d'une approche de l'inconscient. Il y a bien sûr le rêve, par le biais des associations d'images qu'il effectue : il ne s'agit pas de revenir là à un automatisme de l'écriture, mais de veiller à ne pas toujours censurer cette part du rêve. Il y a ensuite, moment particulièrement propice où s'articulent le conscient et l'inconscient, la phase du réveil. Il est assez caractéristique, par exemple, de voir la place prise par « je m'éveillai » dans « La maison natale[1] », alors qu'à plusieurs reprises le texte se donne comme un rêve[2] : c'est l'entre-deux du rêve et de la veille, qu'on pourrait aussi caractériser par la substitution progressive, dans le même texte, du petit jour à la nuit. Certes, ces moments, et le rêve notamment, ne sont pas muets ou exempts de langage, mais la censure de la conscience s'y exerce avec moins de force : c'est par là qu'ils donneraient accès à cette « nappe pré-langagière ». Quant à y revenir vraiment, ce ne serait bien sûr qu'un mythe du langage de plus, dont Bonnefoy n'est pas dupe : nous ne sommes plus des enfants, des *infans*. Il s'agit seulement, notamment par le biais du travail sur la mémoire, de retrouver un accès à ce que nous fûmes, et de parvenir, en même temps qu'on cherche à déborder le langage, à dire ce débordement au moyen du langage.

---

1. *Les Planches courbes*, pp. 83, 84, 85, 89, et la variante à l'imparfait, « je m'éveillais », p. 94.
2. « Ici rien qu'à jamais le bien du rêve », *Les Planches courbes*, p. 84, « dans le même rêve », p. 87, « la demande du rêve », p. 91. Sur la question du rêve chez Yves Bonnefoy, voir J. E. Jackson, *À la souche obscure des rêves. La dialectique de l'écriture chez Yves Bonnefoy*, Corti, 1993.

Approches thématiques

■ Le salut par la mémoire

La mémoire joue alors un rôle prépondérant, puisqu'elle est elle-même mise en forme langagière du souvenir. Il n'y a pas de souvenir pur : il n'y a que façons de dire ces souvenirs, de dire le temps. Le premier moment de la réflexion de Bonnefoy sur les souvenirs et la mémoire se trouve dans son essai consacré à Louis-René des Forêts, « Une écriture de notre temps[1] ». Le narrateur « se souvient mal, ou plutôt — car il n'a que trop de souvenirs en esprit, sa mémoire en est comme folle — il ne peut le faire que du dehors, butant à la porte close de son expérience première dont l'origine et l'économie lui sont désormais une énigme[2]. » Bien sûr, il s'agit là d'abord d'un commentaire critique, qui plus est narratif. Mais plusieurs indices nous portent à croire qu'on peut prendre ces paroles pour celles mêmes de Bonnefoy : d'une part, on a vu à plusieurs reprises que la critique faisait partie intégrante de l'œuvre, dans la mesure où Bonnefoy ne travaille et n'écrit sur un auteur que du fait d'une intimité profonde ; d'autre part, la suite du texte renforce encore cette impression.

> *Dans une des notations les plus saisissantes de la lucidité littéraire, Louis-René des Forêts nous dit maintenant que le mémorialiste a tout oublié de ce que fut le « passé réel » en ces journées pourtant décisives pour la vérité qu'attestait l'enfant ; et que pour retrouver celle-ci [...] il n'hésite pas à remplacer le flou des événements de jadis par la forme claire du rêve. Une fiction, pense-t-il désormais, peut être plus vraie que le vécu, où trop de faits inassimilables ne cessent de se produire[3].*

Deux éléments fondamentaux sont à retenir : le passé est une énigme, notre origine nous est à nous-mêmes obscure ; « la forme claire du rêve » permet pourtant, non d'y accéder de nouveau, mais d'en compléter les manques de façon

---

1. *La Vérité de parole*, pp. 115-259. L'essai ne porte pas, malgré son titre, sur le temps. Mais cette question centrale chez des Forêts, et davantage encore dans la fin de son œuvre sur laquelle ne porte pas l'essai de Bonnefoy, est néanmoins abordée à plusieurs reprises, et notamment à propos du récit *Une mémoire démentielle*, publié dans le recueil *La Chambre des enfants*, Gallimard, 1960, collection « L'Imaginaire », 1983, pp. 91-132.
2. *La Vérité de parole*, pp. 128-129.
3. *Ibid.*, p. 184.

« plus vraie que le vécu ». Le recours à la mémoire n'est donc pas exempt de difficultés, de plusieurs ordres. La mémoire est d'abord faillible ; le temps participe ensuite à cette déformation, puisqu'au fait même se substitue le récit de ce fait, et le souvenir devient donc souvenir du récit, et non plus du fait ; ces récits se superposent alors les uns aux autres, n'entretenant plus avec les faits initiaux qu'un rapport plusieurs fois déformé. Mais pour autant, la construction mémorielle de cette fiction dit une vérité de l'être, quand elle relève du rêve. Le paradoxe, comme souvent chez Bonnefoy, peut se lever dès lors qu'on l'examine sous un angle légèrement différent. Ce qui garantit la vérité malgré la fiction, ce qui authentifie le souvenir malgré l'oubli patent, c'est le recours au rêve, c'est-à-dire à l'inconscient. Si la mémoire peut constituer une planche de salut, c'est parce qu'elle ramène à l'enfance, et que les voies les plus sûres de ce retour ne sont pas les voies conscientes, celles d'on ne sait quel « je me souviens », mais bien les voies inconscientes du rêve, modalisées par sa forme éveillée qu'affectionne tant Bonnefoy.

Cette liaison forte de la mémoire et du rêve est manifeste dans nombre de textes, et en particulier dans le poème liminaire de *Ce qui fut sans lumière*, « Le souvenir[1] ». Le poète s'y interroge en demandant :

> *Que faire de tes dons, ô souvenir,*
> *Sinon recommencer le plus vieux rêve,*
> *Croire que je m'éveille ?*

Cette liaison est ici doublement signifiante. D'une part, la seule façon d'utiliser les « dons » du souvenir serait donc de rêver : le rêve n'est plus là un mode d'accès au passé, c'est son mode de lecture. D'autre part, « le plus vieux rêve » — est-ce aussi le rêve qui remonte le plus loin dans le passé ? — est un rêve d'éveil. Plusieurs éléments méritent d'être approfondis. Dans le rêve d'éveil, il y

---

1. *Ce qui fut sans lumière*, pp. 11-16. Que le poème porte un tel titre, et dans cette position d'ouverture du recueil, ne peut que souligner son importance dans la perspective qui est la nôtre. Par ailleurs, à bien des égards, ce poème peut apparaître comme une matrice des *Planches courbes* : les thèmes principaux du recueil à venir, et notamment de la section « La maison natale », y sont réunis, à l'exception de la double articulation de la beauté et de la vérité.

a à l'évidence l'illusion du réel — c'est un rêve qui pourrait être plus trompeur qu'un autre ; mais il y a aussi la tentative d'un retour de la conscience. Nous pensons qu'il faut lire le rêve d'éveil comme l'entre-deux de l'inconscient et de la conscience, un surgissement du refoulé, mais sous le contrôle d'une conscience qui n'est plus censure, mais organisation d'un sens possible. Dans cette mesure, le rêve d'éveil apparaît bien comme un mode de lecture des « dons » du souvenir, puisqu'il permet de donner sens à ce qui autrement ne serait que désordre. En effet, le « souvenir » est d'abord présenté dans le texte comme un surgissement brutal, « Ce souvenir me hante, que le vent tourne/D'un coup, là-bas, sur la maison fermée », et discontinu, puisqu'il « s'éloigne mais il revient ». Le rêve a donc une fonction ordonnatrice, et apparaît bien comme tel à la fin du poème :

Et mes rêves, serrés
L'un contre l'autre et l'autre encore, ainsi
La sortie des brebis dans le premier givre,
Reprennent piétinant leurs plus vieux chemins.
[...]
Je cours derrière la maison, parce que l'appel
Du berger d'autrefois retentit encore.
J'entends l'aboi qui précédait le jour,
Je vois l'étoile boire parmi les bêtes
Qui ne sont plus, à l'aube. Et résonne encore la flûte
Dans la fumée des choses transparentes.

Les rêves sont là « serrés », comme les « brebis », et avancent ainsi disciplinés sur « leurs plus vieux chemins ». On voit bien, avec la multitude de ces rêves, « l'un contre l'autre et l'autre encore », que « le plus vieux rêve » est bien un rêve du présent qui explore les chemins du passé. C'est moins un rêve récurrent depuis l'enfance, qu'un rêve qui s'y enfonce. Dès lors, il permet une confusion des temps, le présent — « je cours derrière la maison », « j'entends l'aboi » — retrouvant le passé — le « berger d'autrefois », « l'aboi qui précédait le jour » —, et permettant alors, « à l'aube », l'heure où les rêves se dissipent dans le retour du jour, la résurrection du passé, quand on voit « l'étoile boire parmi les bêtes/Qui ne sont plus ». L'ordre « des choses transparentes », qu'on pouvait croire dissipé dans la dissolution du passé, est retrouvé dans le rêve, qui permet alors une harmonie du monde, passant du plus simple, « l'aboi » ou « les bêtes » qui boivent, au cosmique, « l'étoile », à la fois dans l'évolution thématique de ces derniers vers, et dans leur évolution phonétique : « l'appel/Du berger d'autrefois » devient « l'aboi », terme centralisateur qui se disperse à nouveau dans « Je vois l'étoile boire ».

À l'évidence cependant, ce processus, ici heureux, n'aboutit pas systématiquement, dans la mesure où la mémoire fait aussi resurgir des instants de douleur :

> *Sauf : que faire de ce lambeau d'étoffe rouge ?*
> *On le trouve dans sa mémoire quand on déplace*
> *Les années, les images ; et, brusques, des larmes*
> *Montent, et l'on se tait dans ses mots d'autrefois*[1].

Le surgissement du souvenir, qui n'est pas ici médiatisé par le rêve, mais simplement retrouvé par un déplacement des « années » ou des « images », provoque une « brusque » émotion, aux conséquences paradoxales : le silence — « on se tait » — dans le langage — « dans ses mots d'autrefois ». On ne saurait analyser ce vers ni comme le retour à une enfance d'avant le langage, puisque sont présents les « mots d'autrefois », ni comme un abandon du langage au profit de l'émotion, puisque restent décidément ces « mots d'autrefois ». C'est donc ceux-ci qu'il s'agit de comprendre, et que la suite du poème explique :

> *Parler, presque chanter, avoir rêvé*
> *De plus même que la musique, puis se taire*
> *Comme l'enfant qu'envahit le chagrin*
> *Et qui se mord la lèvre, et se détourne.*

Il y a bien là désigné une sortie possible du langage, dans l'évolution qui mène des mots au chant, puis au rêve « De plus même que la musique », et cette évolution aboutit à la prééminence de l'émotion — et ici du « chagrin » —

---

1. *Les Planches courbes*, p. 60.

sur le langage. L'enfant qui « se détourne » n'est pas *infans*, mais ne dispose cependant plus du langage, submergé qu'il est par l'émotion. Aussi le chemin de la mémoire, médiatisé par le rêve, est-il bien un salut, dans la mesure où il permet le surgissement de l'émotion, mais un salut ambigu, quand cette émotion est un envahissement et rend impossible l'accès au langage. Si « cruel » est « le souvenir des matins de l'enfance[1] », c'est qu'il ne débouche pas toujours sur la possibilité de la voix, cette incarnation des mots, et moins encore sur le dépassement possible des mots dans la voix, que constitue le chant.

■ Voix et musique

On a déjà rencontré la « voix », qui est une des constantes de l'œuvre. Elle est, avions-nous dit, les mots faits chair, le mode privilégié de l'incarnation dans le langage. Mais si la défiance envers les mots doit être poussée plus avant, la voix peut s'élever encore, mais dans le chant. Bonnefoy n'est pas plus dupe ici qu'ailleurs, et sait les réserves que l'on peut opposer à une telle conception :

> *Écriture est certes la musique des sons, bien souvent, autant que peuvent l'être les mots, nous avons appris cela dans* Une mémoire démentielle *: on peut s'enfermer dans ce système de signes comme on ferait dans une langue, ou un rêve. Mais si le son musical est signe, déjà structure, il est aussi, en son origine, substance, élan pur de la joie native qui porte un être à chanter*[2].

De même que les réticences envers le langage n'interdisent pas son emploi, à condition d'en mesurer les risques, Bonnefoy se refuse à condamner le chant parce qu'il pourrait, comme d'autres arts, mener à un enfermement hors du monde. À condition de retourner à son origine, qui est donc « substance, élan pur de la joie native qui porte un être à chanter », rien n'interdit de considérer le chant comme le salut du langage, ce qui explique notamment l'attachement de Bonnefoy au vers.

---

1. *Les Planches courbes*, p. 90.
2. *La Vérité de parole*, p. 192. La référence musicale est essentielle dans l'œuvre de Louis-René des Forêts, comme en témoignent par exemple ces titres, *Les grands moments d'un chanteur* ou *Ostinato*.

Dès les premiers recueils, Bonnefoy parle de « chant de sauvegarde », titre d'une section d'*Hier régnant désert*. Mais plus qu'au chant du Phénix, auquel il est fait allusion dans cette section, il convient de s'arrêter sur le poème « À la voix de Kathleen Ferrier[1] », dédié à la contralto britannique. S'il y a salut dans cette voix, c'est pour deux raisons :

> *Je célèbre la voix mêlée de couleur grise*
> *Qui hésite aux lointains du chant qui s'est perdu*
> *Comme si au-delà de toute forme pure*
> *Tremblât un autre chant et le seul absolu.*

D'une part, dans ce second quatrain du poème, le salut provient d'une « voix mêlée de couleur grise » : la notion de mêlé est ici fondamentale, et la « couleur grise » l'exprime clairement. Le mêlé est celui du monde, celui d'une voix incarnée, et non pas pure. L'inscription du monde dans la voix, et ici singulièrement dans le chant, est alors la première modalité de la « sauvegarde ». D'autre part, l'aboutissement de ce chant reste ambigu. La musique elle-même, la voix, semblent dépassées pour un « autre chant ». Il n'y a pas là de réhabilitation d'un absolu que Bonnefoy récuserait partout ailleurs, puisque l'absolu s'oppose à « toute forme pure », mais il y a un dépassement de la musique elle-même. C'est dire que l'antériorité du langage visée par la référence vocale d'abord, puis musicale, semble ne pas même suffire. C'est un au-delà de la musique qui est visé, dans lequel se trouverait le salut. L'examen du dernier quatrain du poème permet d'éclaircir ce point :

> *Il semble que tu connaisses les deux rives,*
> *L'extrême joie et l'extrême douleur.*
> *Là-bas, parmi ces roseaux gris dans la lumière,*
> *Il semble que tu puises de l'éternel.*

Le « là-bas », autre forme de l'« au-delà », est explicitement désigné comme un *ici* par plusieurs procédés. Il est d'abord lié aux « roseaux gris », qui reprennent « la voix mêlée de couleur grise » : c'est dire qu'il relève de la même

---

[1]. Ce poème est l'objet d'une précieuse analyse de M. Finck, *op. cit.*, pp. 362-372. Voir aussi O. Himy, *op. cit.*, pp. 63-76.

logique de l'impur, que confirme sa position entre « deux rives » contradictoires mais symétriques, « l'extrême joie et l'extrême douleur ». Mais plus rien, dans ce dernier quatrain, ne désigne la musique, à laquelle s'est substituée « la lumière ». C'est donc à celle-ci qu'il faudrait accéder.

Plusieurs textes plus récents confirment ce processus. Ainsi, dans « Sur les ailes de la musique[1] » peut-on lire une évolution du même ordre. La musique apparaît d'abord, par le biais d'une radio allumée, comme le dépassement merveilleux mais fortement incarné de la parole : « Mais soudain ! Quelle musique tout autre ! Deux voix de femmes qui se répondent avec une majesté et une simplicité qu'il n'eût jamais supposées possibles. » À la soudaineté, soulignée par les exclamatifs, s'ajoute la double caractérisation de « majesté » et de « simplicité », qui relève du processus de l'incarnation, comme en relevait le mêlé. Mais le texte évolue et surgit d'abord « la maison de l'enfance », puis la « mère » du narrateur accompagnée d'une « présence jeune et sérieuse, encore un peu enfantine ». Ce sont ces deux femmes qui semblent alors chanter, mais de façon très paradoxale : « Cette voix, la plus basse, est-ce donc celle de sa mère ? Celle-ci n'avait guère chanté, de son vivant, elle n'eût pas su, on ne lui avait appris que quelques chansons des campagnes, pas même vraiment anciennes, de ces petites scies grossièrement imprimées sur une feuille pliée que l'on vendait sur les foires ». Cette modification du chant est fondamentale : ce ne sont plus deux cantatrices qui se répondent dans un enregistrement diffusé par la radio, mais deux êtres intimes au narrateur qui chantent. L'incarnation serait donc plus forte encore, s'il s'agissait bien de deux êtres présents. Mais l'une, la mère du narrateur, est morte ; et l'autre, « ah, il la connaît, il la reconnaît — il ne la connaît pas, il ne la reconnaît pas. » Et cette désincarnation est encore accrue par l'impossibilité pour la mère de chanter, ou en tout cas l'invraisemblance soulignée. Le glissement du chant a donc mené à une évolution paradoxale. Ce chant s'est désincarné, en même temps pourtant qu'il s'est

---

1. *Rue Traversière*, pp. 133-137. Ce texte a été remarquablement analysé par Michèle Finck, dans « poésie et musique, lecture de *Sur les ailes de la musique* », « Yves Bonnefoy », Le Temps qu'il fait, cahier onze, pp. 189-208. La référence à Mendelssohn y est notamment explicitée.

simplifié, devenant maintenant si proche de ces « chansons des campagnes, pas même vraiment anciennes », devenant en quelque sorte ces « refrains niais, rythmes naïfs » évoqués par Rimbaud dans *Alchimie du verbe*. Il y a donc une sortie de la musique au profit à la fois du souvenir — souvenir précis de la mère ou souvenir improbable de la « jeune fille » — et maintenant d'un retour de la parole : « Dès que la musique va s'interrompre, il va parler, il va dire ce que jamais il n'avait su dire, c'était interdit, n'est-ce pas, et maintenant c'est facile. » L'au-delà du chant est donc un en-deçà dans le temps, rejoignant le salut par la mémoire que nous avons déjà analysé ; et il débouche sur un langage comme antérieur. Non pas le stade pré-langagier de l'enfance, mais les paroles de l'enfance qui n'ont pas été dites, des paroles d'amour. Un processus identique est décrit dans la section « La voix lointaine » des *Planches courbes* :

Elle chantait, si c'est chanter, mais non,
[...] ce n'étaient pas même des mots,
Rien que le son dont les mots veulent naître
Le son d'autant d'ombre que de lumière,
Ni déjà la musique ni plus le bruit[1].

Le chant est simultanément affirmé et contesté, pour mener à un entre-deux, « d'autant d'ombre que de lumière », qui ne permet pas la constitution du sens, en s'étant pourtant extrait du chaos, « Ni déjà la musique ni plus le bruit ». Si dans tout sens constitué, langage ou musique mais aussi bien peinture, peut s'insinuer le concept, alors c'est le sens même qui est porteur de la faute. Mais le chaos n'étant pas le salut, il s'agit alors de se situer dans cet improbable espace d'avant le sens, qui est probablement celui de l'intuition. Là serait le salut, à en croire le dernier poème de cette section, puisque le poète y affirme que « j'ai eu dans ses mots/De quoi presque finir ma longue guerre[2]. » On voit donc que la référence musicale n'est pas un mythe de plus, celui d'un sens qui se donnerait enfin dans le refus des mots, mais simplement le moyen pour

---

1. *Les Planches courbes*, p. 58.
2. *Ibid.*, p. 67.

Bonnefoy d'approfondir sa réflexion sur le langage et la poésie. Reste au bout du chemin ce qui serait le salut par la poésie, et qu'énoncent ces vers[1] :

> *Or, de ces mots*
> *Je n'avais pas à pénétrer le sens*
> *Car il était en moi depuis l'enfance,*
> *Je n'ai eu qu'à le reconnaître, et à l'aimer*
> *Quand il est revenu du fond de ma vie.*

La parole poétique n'est pas un dépassement du langage, elle n'est pas non plus pure musique, mais elle permet la remémoration de l'intimité première avec le monde. Cette intimité n'a pas à relever d'un fait biographique, elle est davantage, elle est un fait de l'être. Le passage par le chant et la musique, comme modes de la remémoration, est ce qui permet cette découverte.

Un dernier texte permet de l'illustrer nettement. Examinons l'évolution qui structure « Deux musiciens, trois peut-être[2] ». Un premier musicien apparaît dans ce texte, qui « joue d'un petit violon » ; puis un second, et « son instrument, c'est une charpente légère, à claire-voie, on dirait d'une cage de montgolfière, avec des banderoles qui flottent dans le vent au bout de tiges sans nombre, elles tout hérissées autour d'une sorte d'âme sombre que lui, le musicien de là-bas, garde entre ses mains, à moins que ce qui semble ses mains ne soit que le soleil et la lune, rapprochés maintenant dans ce ciel d'un monde qui change. » Ce premier glissement donne déjà de nombreuses indications. Si l'on peut identifier l'instrument comme une cornemuse, le mot n'est pas prononcé, laissant à la métaphore le soin de la caractérisation ; l'instrument semble alors se fondre simultanément avec le monde, comme cette « montgolfière » dans « le vent », et avec l'être, dans « une sorte d'âme » ; enfin s'effectue la dissolution complète dans le monde, « dans le ciel d'un monde qui change ». La musique, dont la référence est encore précise avec le « violon », est devenue musique céleste, avec le mouvement du « soleil » et de « la lune ». Mais là n'est pas encore le salut par l'accès à la remémoration de l'intuition. Aussi faut-il que les

---

1. *Les Planches courbes*, p. 93.
2. *La Vie errante*, pp. 107-109.

« mains », qu'on a crues d'abord « le soleil et la lune », soient l'objet d'un nouveau glissement, avec la venue du dernier musicien : « un dont l'instrument qu'il tient à deux mains, non, qu'il touche du bout du doigt, comme pour y tracer des signes, dans la buée, serait cette vitre où nous écoutions, enfants au bord du sommeil, la pluie qui frappe et qui tinte. » Le mouvement vers le monde est le même que celui effectué précédemment, mais s'y ajoute le mouvement de rétrogradation dans le passé, avec la liaison que nous connaissons bien maintenant de la mémoire et du rêve, « enfants au bord du sommeil ». Et ce mouvement permet bien l'accès à un entre-deux du sens, « comme pour y tracer des signes, dans la buée ». Le son est celui du monde et non des concepts, celui de « la pluie qui frappe et qui tinte », celui peut-être de la « pluie d'été », ou de « la pluie sur le ravin ».

C'est dire que le salut, qu'il relève de la remémoration ou de la musique, et des deux simultanément, relève surtout de l'enfance, de l'enfant qui fait advenir l'adulte comme tel, c'est-à-dire de l'enfant qui fonde l'intimité de l'être. L'enfant sauve ses parents parce que c'est par lui que ses parents accéderont à leur vérité, qu'elle ait ou non pu être dite de leur vivant, et sauve l'adulte qu'il deviendra lui-même, dans l'accès encore immédiat qu'il perdra peu à peu avec le monde. Rôle sera alors confié à la poésie de retrouver cet accès :

Et vois, l'eau coule dans le ruisseau, à petit bruit,
Et pourtant, hier encore, tu la voyais
Prisonnière du froid, tout immobile.

Bibliographie

Œuvres de Bonnefoy

■ Poèmes, récits

Du mouvement et de l'immobilité de Douve, Mercure de France, 1953.
Hier régnant désert, Mercure de France, 1958.
Pierre écrite, Mercure de France, 1965.
L'Arrière-pays, Skira, 1972, Gallimard, 2003 (collection Poésie/Gallimard, 1998).
L'Ordalie, Galerie Maeght, 1974.
Dans le leurre du seuil, Mercure de France, 1975.
Rue Traversière, Mercure de France, 1977.
Poèmes (1947-1975), Mercure de France, 1978 (collection Poésie/Gallimard, 1982).
Récits en rêve, Mercure de France, 1987.
Ce qui fut sans lumière, Mercure de France, 1987.
Début et fin de la neige, suivi de *Là où retombe la flèche*, Mercure de France, 1991.
Rue Traversière et autres récits en rêve, collection Poésie/Gallimard, 1992.
La Vie errante, suivi de *Une autre époque de l'écriture*, Mercure de France, 1993 (collection Poésie/Gallimard, 1997).
Ce qui fut sans lumière, suivi de *Début et fin de la neige*, collection Poésie/Gallimard, 1995.
L'Encore aveugle, Festinalente, 1997.
La Pluie d'été, La Sétérée, 1999.
Le Cœur-espace, Farrago, 2001.

Les Planches courbes, Mercure de France, 2001.
Le Théâtre des enfants, William Blake and Co, 2001.
Le Désordre, Editart, 2004.

■ Essais

Peintures murales de la France gothique, Paul Hartmann, 1954.
L'Improbable, Mercure de France, 1959.
Arthur Rimbaud, Le Seuil, 1961.
Un rêve fait à Mantoue, Mercure de France, 1967.
Rome, 1630 : l'horizon du premier baroque, Flammarion, 1970, 1994.
Le Nuage rouge, Mercure de France, 1977 (collection Folio/Essais Gallimard, 1995).
L'Improbable, suivi de *Un rêve fait à Mantoue*, édition corrigée et augmentée, Mercure de France, 1980 (collection Folio/Essais Gallimard, 1992).
Leçon inaugurale de la chaire d'Études comparées de la fonction poétique, Collège de France, 1982 (*La Présence et l'Image*, Mercure de France, 1983).
La Vérité de parole, Mercure de France, 1988 (collection Folio/Essais Gallimard, 1995).
Sur un sculpteur et des peintres, Plon, 1989.
Entretiens sur la poésie, Mercure de France, 1990.
Alberto Giacometti, Flammarion, 1991.
Aléchinsky, les Traversées, Fata Morgana, 1992.
Remarques sur le dessin, Mercure de France, 1993.
Palézieux, Skira, 1994 (avec Florian Rodari).
La Vérité de parole, et des essais du *Nuage rouge*, collection Folio/Essais Gallimard, 1995.
Dessin, couleur et lumière, Mercure de France, 1995 (collection Folio/Essais Gallimard, 1999, avec les autres essais du *Nuage rouge*).
La Journée d'Alexandre Hollan, Le Temps qu'il fait, 1995.
Shakespeare et Yeats, Mercure de France, 1998.
Lieux et destins de l'image, Le Seuil, 1999.

Baudelaire : la tentation de l'oubli, Bibliothèque nationale de France, 2000.
La Communauté des traducteurs, Presses universitaires de Strasbourg, 2000.
L'Enseignement et l'Exemple de Leopardi ; William Blake and Co, 2001.
Poésie et architecture, William Blake and Co, 2001.
Breton à l'avant de soi, Farrago, 2001.
Sous l'horizon du langage, Mercure de France, 2002.
Remarques sur le regard, Calmann-Lévy, 2002.
Le Nom du roi d'Asiné, Virgile, 2003.
La Hantise du ptyx, William Blake and Co, 2003.
Le Poète et le « flot mouvant des multitudes », Bibliothèque nationale de France, 2003.
L'Arbre au-delà des images, William Blake and Co, 2003.
Le Sommeil de personne, William Blake and Co, 2004.
Goya, Baudelaire et la poésie (entretien avec Jean Starobinski), La Dogana, 2004.
Feuillées, Le Temps qu'il fait, 2004.
Goya, les peintures noires, William Blake and Co, 2004.
Farhad Ostovani, William Blake and Co, 2005.

■ Traductions

Shakespeare, *Henry IV* (première partie), *Œuvres complètes*, volume IV, Club français du livre, 1956.
Shakespeare, *Jules César*, Mercure de France, 1960 (nouvelle édition, 1995, précédé de *Brutus ou le rendez-vous à Philippes*, collection Folio/Théâtre Gallimard, 1995).
Shakespeare, *Vénus et Adonis*, *Œuvres complètes*, volume VII, Club français du livre, 1961.
Shakespeare, *Le Viol de Lucrèce*, *Œuvres complètes*, volume VII, Club français du livre, 1961.

Shakespeare, *Hamlet*, suivi d'une « Idée de la traduction », Mercure de France, 1965 (nouvelle édition, 1991, précédé de « Comment traduire Shakespeare ? ».

Shakespeare, *Roméo et Juliette*, Mercure de France, 1968.

Shakespeare, *Hamlet/Le Roi Lear*, précédé de « *Readiness, Ripeness* : Hamlet, Lear », Gallimard, collection Folio, 1978 (nouvelle édition, 1988).

Shakespeare, *Macbeth*, Mercure de France, 1983.

Shakespeare, *Roméo et Juliette/Macbeth*, précédé de « L'inquiétude de Shakespeare », Gallimard, collection Folio, 1985.

Yeats, *Quarante-cinq poèmes de Yeats*, suivi de *La Résurrection*, Hermann, 1989 (collection Poésie/Gallimard, 1993).

Shakespeare, *Les Poèmes de Shakespeare*, précédé de « Traduire en vers ou en prose », Mercure de France, 1993.

Shakespeare, *Le Conte d'hiver*, précédé de « Art et Nature : l'arrière-plan du *Conte d'hiver* », Mercure de France, 1994 (collection Folio/Théâtre Gallimard, 1996).

Shakespeare, *La Tempête*, précédé de « Une journée dans la vie de Prospéro », collection Folio/Théâtre Gallimard, 1997.

Shakespeare, *Antoine et Cléopâtre*, précédé de « La noblesse de Cléopâtre », collection Folio/Théâtre Gallimard, 1999.

Shakespeare, *Othello*, précédé de « La tête penchée de Desdémone », collection Folio/Théâtre Gallimard, 2001.

Keats et Leopardi, Mercure de France, 2000.

Shakespeare, *Comme il vous plaira*, Le Livre de Poche, 2003.

■ Édition

Dictionnaire des mythologies et des religions des sociétés traditionnelles et du monde antique, Flammarion, 1981.

Ouvrages critiques consacrés à Yves Bonnefoy
(cette liste n'est évidemment pas exhaustive)

M. Blanchot, « comment découvrir l'obscur ? », NRF n° 83, novembre 1959 (repris dans *L'Entretien infini*, Gallimard, 1969).

J.-P. Richard, « Yves Bonnefoy entre le nombre et la nuit », *Critique*, n° 168, mai 1961 (repris dans *Onze études sur la poésie moderne*, Gallimard, 1969).

J. E. Jackson, *Yves Bonnefoy*, Seghers, « Poètes d'aujourd'hui », 1976, entièrement remanié et mis à jour, 2002.

« Yves Bonnefoy », *L'Arc* n° 66, 1976.

J. Starobinski, « Yves Bonnefoy : la poésie entre deux mondes », *Critique*, n° 350, 1979 (repris en préface à l'édition Poésie/Gallimard des *Poèmes*, 1982).

J. Thélot, *Poétique d'Yves Bonnefoy*, Droz, 1983.

« Bonnefoy », Sud 15e année, colloque de Cerisy, 1985.

R. Vernier, *Yves Bonnefoy ou les mots comme le ciel*, Jean-Michel Place, 1985.

« Yves Bonnefoy : poésie, art et pensée », Actes du colloque du centre de recherches sur la poésie contemporaine de l'université de Pau, 1986.

G. Gasarian, *Yves Bonnefoy, la poésie, la présence*, Champ Vallon, 1986.

M. Finck, *Yves Bonnefoy, le simple et le sens*, Corti, 1989.

O. Himy, *Yves Bonnefoy, poèmes commentés*, Champion, 1991.

« Yves Bonnefoy, livres et documents », Catalogue de l'exposition de la Bibliothèque nationale de France, 1992.

J. E. Jackson, *À la souche obscure des rêves. La dialectique de l'écriture chez Yves Bonnefoy*, Corti, 1993.

« Yves Bonnefoy », Le Temps qu'il fait, Cahier onze, 1998.

P. Née, *Poétique du lieu dans l'œuvre d'Yves Bonnefoy ou Moïse sauvé*, PUF, 1999.

D. Acke, *Yves Bonnefoy essayiste : modernité et présence*, Rodopi, 1999.

« Yves Bonnefoy », *Europe* n° 890-891, 2003.

Yves Bonnefoy et l'Europe du XXe siècle, Presses universitaires de Strasbourg, 2003.

P. Née, *Rhétorique profonde d'Yves Bonnefoy*, Hermann, 2003.

Lexique

Aporie : difficulté insurmontable, impasse du raisonnement.

Corps (corps du monde, chair) : il existe une distinction en phénoménologie entre corps, corps propre, corps du monde, etc. En tant qu'il est perçu par nos sens, notre corps est d'abord un objet extérieur ; mais en tant qu'il perçoit, il nous est propre, il est le corps propre. C'est quand on comprend la similarité de la structure de notre corps (perçu/percevant) avec le monde que l'on parle de corps du monde. Dans cette perspective, la chair est ce qui constitue l'unité du réel, et elle est préalable à toute nomination, à tout langage.

Cratylisme : du nom du personnage éponyme d'un dialogue de Platon (vers 427-347 av. J.-C.), le *Cratyle*. Trois théories du langage s'affrontent dans ce texte : celle de Cratyle est que le son des mots n'est pas arbitraire, mais relève d'une nécessité, en étant lié à l'essence même de la chose. Le cratylisme contrevient donc à la théorie de « l'arbitraire du signe » développée par le linguiste Ferdinand Saussure (1857-1913).

Déconstructionnisme : théorie philosophique qui se réclame des travaux de Jacques Derrida (1930-2004), et dont l'objet est la mise à nu des présupposés de la métaphysique ; il s'agit pour ces auteurs de démonter les structures implicites de la métaphysique, mais non de proposer une théorie substitutive.

Écriture automatique : technique employée par les surréalistes visant à court-circuiter la censure de la conscience sur l'écriture, par le biais des associations d'images ou du recours le plus systématique à l'inconscient.

Idée : Platon distingue de notre monde réel, qui ne serait qu'une illusion, un monde des Idées, qui serait vrai ; en ce sens, toute théorie idéaliste oppose l'être, qui relèverait de ce monde idéal, au paraître, dans lequel nous serions plongé.

Immanence : en métaphysique, s'oppose à la transcendance ; caractère de ce qui est propre au monde, au réel.

Incarnation : acte par lequel un être spirituel se fait chair, prend les qualités de l'être animé ; en théologie chrétienne, désigne le mystère de Dieu fait homme en Jésus-Christ. On voit l'importance de cette notion, réinterprétée par la phénoménologie.

Inconscient : dans la psychanalyse, l'inconscient est constitué par les éléments — souvenirs, désirs, fantasmes, etc. — qui ont été refoulés de la conscience ; il coïncide avec le *ça*, en regard du *moi* et du *sur-moi*. L'inconscient est l'objet d'une censure, dont le *sur-moi* est l'agent.

Métaphysique : ce qui est au-dessus ou après la *phusis*, c'est-à-dire la nature ; la métaphysique désigne donc la science de ce qui est au-dessus du monde réel : la théologie ou l'ontologie en sont des branches.

Nihilisme : théorie niant tout absolu, toute valeur, et menant par conséquent à la négation de tout sens et de tout être.

Ontologie : science de l'être en tant qu'être, qui vise à établir ce qu'est l'être ; l'ontologie a été longtemps une branche de la métaphysique, tant que l'être a été considéré comme ayant une âme ; dans la phénoménologie, l'être a été ramené à l'existant, et donc à l'ensemble de ses perceptions sensibles.

Phénoménologie : mouvement philosophique initié par Edmund Husserl (1859-1938), visant à opérer un retour « à la chose même », et aux phénomènes observables. Diverses branches de la phénoménologie se sont développées, en particulier avec Martin Heidegger (1889-1976) en Allemagne, Jean-Paul Sartre (1905-1980), Maurice Merleau-Ponty (1908-1961) ou Emmanuel Lévinas (1905-1995), en France.

Rédimer : sauver. Le terme est surtout employé en théologie, mais c'est précisément celui choisi par Bonnefoy dans sa traduction de Shakespeare.

Structuralisme : mouvement intellectuel de la seconde moitié du XXe siècle qui a profondément marqué l'approche des sciences humaines, en plaçant au premier plan l'étude des structures ; en littérature, ce mouvement s'est notamment traduit, par exemple sous l'influence de Roland Barthes (1915-1980), par une mise à l'écart radicale de la notion d'auteur, au profit d'une autonomisation du texte littéraire.

Surréalisme : mouvement littéraire et artistique de la première moitié du XXe siècle, dont le maître à penser fut André Breton (1896-1966). Très marqués par les découvertes de la psychanalyse, les surréalistes considèrent que l'écriture doit mener à une libération de l'inconscient, afin d'atteindre une sur-réalité, conçue d'abord comme un degré supérieur de réel. Breton sera cependant très attiré par l'occultisme.

Théocentrisme : conception du monde qui place Dieu au centre de l'Univers.

Théologie négative : renvoie en particulier au théologien allemand, Maître Eckhart (vers 1260-1327), et à ses disciples Suso (vers 1295-1366) et Tauler (vers 1300-1361). Eckhart considérait que Dieu, parce que divin, ne pouvait être défini par des catégories humaines. La catégorie de l'*être* ne pouvait donc Lui être appliquée : Dieu n'*est* pas.

Transcendance : en métaphysique, s'oppose à l'immanence ; la transcendance est le caractère de ce qui est extérieur au monde.

Aubin Imprimeur
LIGUGÉ, POITIERS

Achevé d'imprimer en mars 2006
N° d'impression P 69734
Dépôt légal, mars 2006
Imprimé en France